刘作奎　校

骠骑突击
匈牙利互联互通战略

Hussar Cut

The Hungarian Strategy for
Connectivity

中国社会科学出版社

图字：01-2024-4212 号

图书在版编目（CIP）数据

骠骑突击：匈牙利互联互通战略 /（匈）鲍拉日·
欧尔班著；孔元等译. -- 北京：中国社会科学出版社，
2024. 11. -- ISBN 978-7-5227-4326-4

Ⅰ. D851.50

中国国家版本馆 CIP 数据核字第 2024WU9003 号

© Orbán Balázs, 2023

© MCC Press Kft., 2023

Original title: Huszárvágás: A konnektivitás magyar stratégiája

English translation title: Hussar Cut: The Hungarian Strategy for Connectivity

出 版 人	赵剑英	
责任编辑	田 耘	
责任校对	杨 林	
责任印制	李寡寡	

出 版	中国社会科学出版社	
社 址	北京鼓楼西大街甲 158 号	
邮 编	100720	
网 址	http://www.csspw.cn	
发 行 部	010 - 84083685	
门 市 部	010 - 84029450	
经 销	新华书店及其他书店	

印刷装订	北京君升印刷有限公司	
版 次	2024 年 11 月第 1 版	
印 次	2024 年 11 月第 1 次印刷	

开 本	880×1230 1/32	
印 张	9.5	
字 数	158 千字	
定 价	56.00 元	

凡购买中国社会科学出版社图书，如有质量问题请与本社营销中心联系调换
电话：010 - 84083683

鲍拉日·欧尔班（Balázs Orbán）的《骠骑突击》以非超级大国的独特视角审视当今全球秩序，展现了深邃的战略思考。鲍拉日一针见血地指出，对于无力改写全球秩序的国家而言，必须学会在这个不尽如意、充满制约的国际环境中把握自身命运。在探讨维护匈牙利的国家利益时，鲍拉日认为，结盟并非唯一选择，还存在其他更为可取的战略路径。书中为匈牙利政府提出的政策建议，不仅为匈牙利的决策者指明了方向，而且对所有非超级大国的领导人都具有重要的参考价值。

——清华大学国际关系研究院名誉院长，文科资深教授　阎学通

鲍拉日·欧尔班是一位卓有远见的匈牙利战略家和民族主义者。他犀利地指出，美国在全球范围内推广不受约束的自由主义理念，削弱了传统价值观与民族认同，这对匈牙利等民族国家构成重大威胁。与此同时，他又敏锐地察觉到，西方自由秩序的持续衰落可能催生区域集团的形成，这与匈牙利的国家利益背道而驰。面对这一困局，他提出开创性的解决方案：推动建立一个新型国际秩序——在此秩序下，自由主义色彩将有所淡化，匈牙利的传统价值观将得到更好的维护。对于任何渴望洞悉国

际政治前景的读者而言,《骠骑突击》无疑是一部必读的战略思想著作。

——芝加哥大学政治学教授 约翰·米尔斯海默（John J. Mearsheimer）

匈牙利政府最关心的始终是匈牙利人民。倘若你对此感到震惊或不满，那么，或许你就是问题本身的一部分，不应该享有凌驾他人之上的权力。另一方面，倘若这听起来正是你梦寐以求的理想国度，那就读读这本书吧。

——推特《塔克》栏目主持人，政治评论员 塔克·卡尔森（Tucker Carlson）

鲍拉日·欧尔班最新著作深入剖析了当代国际形势，著作突出强调了西方世界的倒塌以及新型多极化的崛起。具体而言，他的雄心壮志就是确立匈牙利战略。书中，欧尔班探讨了匈牙利如何摒弃教条自由主义，拒绝接受将自由解读为毫无责任感、毫无限制力的力量。鲍拉日·欧尔班揭示了匈牙利同欧洲精英阶层在这一基本点上产生分歧的原因与方式，欧洲精英阶层在短短几十年内倒戈至教条自由主义。欧尔班认为匈牙利"面向西方，但根在东方"，其特有的自由理念，可以为从一个时代走向下一个时代铺平道路。尽管我们可能并不总是对匈牙利的政策——无论是国内政策还是外交政策——持赞同态度。然而，在这个动荡的时代，我们应当倾听不同的声音，而不是拒绝它们。

——马恩 - 拉瓦雷大学教授，哲学家　尚塔尔·德尔索尔（Chantal Delsol）

这本让人印象深刻的独创著作中，鲍拉日·欧尔班为匈牙利乃至整个世界的读者呈现了深邃的政治启示，既具时代意义，又蕴含永恒价值。匈牙利身踞东西方之间，深陷欧洲中心地带历史洪流之中，虽一度被西方世界视为"边缘"地带，但如今代表着新型"互联互通"。作为匈牙利从 20 世纪灾难中浴火重生的关键人物之一，在这个动荡不安与前途明朗交织的当下，欧尔班是位能力非凡、洞察力强、机敏明智的领导者。

——圣母大学政治学教授　帕特里克·J. 德宁（Patrick J. Deneen）

自由贸易与国际合作是伟大的历史成就，是财富与文明的支柱。而这些支柱如今正岌岌可危。一种新型的、荒谬的冷战即将来临。我们的政治与媒体领导人们被道义与傲慢蒙蔽双眼。鲍拉日·欧尔班对这些倾向进行了有力反驳。他坚定主张重建国际经济关系以及回归明智与理性的判断。这本著作，正如其书名——《骠骑突击》所展现的那样，对当前主流思想的智慧突击，震撼人心，令人信服。

——《世界周刊》主编　罗杰·科普尔（Roger Köppel）

如果想了解匈牙利现任领导层如何看待其国家在世界所处的位置，抑或是想要理解布达佩斯的"骠骑突击"战略，那么应该读读鲍拉日·欧尔班这本书。

——欧洲对外关系委员会创始理事会成员，索非亚自由战略中心主席，维也纳人文科学研究院（IWM）常任研究员　伊万·克拉斯杰夫（Ivan Krastev）

这本书深入浅出地分析了当下地缘政治趋势，并将其置于历史背景中进行审视。匈牙利作为一个中等强国，在其自身天然地缘政治环境内外维持广泛政治关系与经济合作，在世界政治层面被赋予了颇具野心的角色。随着多极世界秩序中脱钩现象层出，我们只能寄希望于更多国家采取互联互通战略，将国际社会结构维系在一起。

——奥地利共和国前总理　塞巴斯蒂安·库尔茨（Sebastian Kurz）

在《骠骑突击》中，鲍拉日·欧尔班极富洞见地分析了世界现状，并提出一个有力的观点：在这个支离破碎的时代，匈牙利等国正不断崛起，发挥着不可或缺的作用，并致力于维护与进一步加强互联互通。我们所熟知的全球化正被西方强权撕裂，而这些力量也曾是最早推动全球化的力量。然而，我们恰恰处在一个越来越需要互联互通的时代，互联互通对于许多国家发展，包括西方国家，以及解决众多全球问题至关重要。鲍拉日·欧尔班的"处方"为匈牙利战略指了一条明路。

——观察网（Guancha.cn）创始人，政治评论家李世默（Eric Li）

匈牙利因维持其独立的移民政策与外交政策，已经惹怒了欧洲精英阶层。现鲍拉日·欧尔班又提出一种同样独立的经济愿景，这一愿景超越了传统集团思维，将确保匈牙利继续在国际舞台超常发挥。

——曼哈顿政策研究所托马斯·W.史密斯研究员　希瑟·麦克唐纳德（Heather Mac Donald）

《骠骑突击》阐明了匈牙利当前以及未来的成功之道，在于最大限度利用其独特的地理、文化以及经济环境，维护其大胆的"基于互联互通的战略"，进而拓宽其关系网络，超出欧盟盟国以及北约盟友的狭窄限制。欧尔班博士以有力且令人信服的论述，指出匈牙利拥有成为中欧中等强国的独一无二的潜力，或者如他所说的那样，成为区域"拱心石国家"，对于未来数十年持续（并骄傲地）增强其物质与精神成就十分关键。《骠骑突击》以新颖且有力的论点对当代主流欧洲精英阶层以及政治气候提出质疑，并为一种温和的民族主义提供了论据，这种民族主义与其说植根于过去的历史土壤，不如说立足于土壤所孕育的未来；因此，它应被理解为对孟德斯鸠高耸入云的政治学启蒙传统的现代演绎。总之，《骠骑突击》是一部值得广泛阅读的著作，是我们这个地缘政治和地缘经济转型时代不可或缺的读物。

——塞尔维亚共和国前总统的高级外交官和顾问，亚达大学（ADA）实践教授　达姆扬·克尔涅维奇·米什科维奇（Damjan Krnjević Mišković）

现代匈牙利的崛起靠的是其智慧与毅力，也与其对自身独特文化与政治特点的深刻理解密不可分。在《骠骑突击》中，鲍拉日·欧尔班以雄辩且透彻的笔触，详尽阐述了匈牙利的国家战略以及地缘政治战略，也解释了世界，尤其是西方国家如何从匈牙利范式中学习。

——美国传统基金会主席 凯文·D. 罗伯茨（Kevin
D. Roberts）

鲍拉日·欧尔班对匈牙利在新兴世界经济以及
新型地缘政治中发挥的作用，提出富有创造力、洞
察力和原创性的观点，值得赞叹。鲍拉日·欧尔班
向匈牙利以及整个世界传递的信息明确又正确：通
过贸易与思想构建的联盟；不要建立对立阵营；以
古老智慧与文化为荣，并以此为指导；既要看向西
方又要看向东方；最重要的是，支持和平！这本基
于"互联互通"的沉思录将会鼓舞读者们，引导匈
牙利，并帮助整个世界找到通往和平、文化繁荣以
及可持续发展的道路。

——联合国可持续发展解决方案网络主席，哥伦
比亚大学教授，经济学家 杰弗里·D. 萨克斯（Jeffrey
D. Sachs）

鲍拉日·欧尔班的《骠骑突击》一书为我们揭
示了匈牙利人独特而复杂的性格特质，既让人愤怒
又肃然起敬。说它令人愤怒，是因为匈牙利人敢于
在更大的势力面前标新立异。记得我尚年幼时，曾

好奇为什么马扎尔邮政（Magyar Posta）的邮票是最大最美的。现在回想起来，这无疑是匈牙利在美苏争霸时期，维护其独立身份的一种方式。而今，匈牙利作为欧盟和北约的一员，仍旧保持着不屈的姿态。这种不畏强权也是一种令人钦佩的品质，因为匈牙利人寻求的并非与世隔绝（这在欧洲中心永远无法实现），而是坚持一种观点，这种观点最初可能不会为大众广泛接受，但背后有众多默默支持者。因此，《骠骑突击》从来都不是没有风险的，却为其他人开辟了一条通往未来的道路。鲍拉日·欧尔班在书中清楚地阐述了匈牙利的互联互通战略，它忠于匈牙利的历史，不仅要在更大的群体中寻求安全，还要将其推向新的、更好的方向。

——新加坡共和国前外交部长　杨荣文（George Yeo）

引言

何谓骠骑兵？——"轻装甲之骑兵，吾等称为骠骑兵。"1481 年，大名鼎鼎的匈牙利国王匈雅提·马加什一世（King Matthias Corvinus）在其所著文献中记载到。尽管有迹象表明骠骑兵在马加什一世之前就已存在，但这是首次有文字记载，证明这些传奇的匈牙利士兵是匈牙利黑军的一员。彼时，黑军实力之强盛，令整个欧洲闻风丧胆。不仅成功挫败了实力远胜于己的奥斯曼帝国的侵略，甚至单枪匹马地在敌方领土上将其击败。如此战绩还不足以彰显其不凡，同一时期，匈牙利军队更是征服了波希米亚、摩拉维亚以及上奥地利州和下奥地利州。训练有素的士兵加之别出心裁的战术，在逆境中取胜，正是这支军队的独到之处。匈牙利骠骑兵，无疑是卓越与智慧的完美象征。骠骑兵的使命在于先发制人，面对数倍于己的敌军，利用速度和先发优势，不断打乱敌方阵形，通过伏击、断绝敌人后援等一连串战术，逐步削弱敌军战力。

这种军事革新不仅是匈牙利军队数百年来的核心力量，其影响还远远超越了国界。受匈牙利成功的启发，包括普鲁士、俄国、法国、英国乃至美国在内的多个国家纷纷组建了自己的骠骑兵部队。匈牙利的骠骑兵军官甚至远赴各大西方国家，分享他们的知识和经验，为当地的骠骑兵部队提供训练指导。其中，最为人瞩目的是米哈伊·科瓦茨上校（Mihály Kovats），他不仅在美国独立战争中表现英勇，还担任训练官，为美军骑兵部队编写了首部军队条令，与他的波兰朋友卡齐米日·普瓦斯基（Kazimierz Pulaski）一同被誉为"美利坚骑兵之父"。

最能体现骠骑兵精神的精髓，无疑是他们标志性的突击战术——骠骑突击（Hussar Cut）。这一战术在匈牙利语中被定义为："迅速而果断，出其不意且毫不畏惧地冒险；抢占先机，不计后果地行动。"骠骑兵成功与否，关键在于能否找到突袭的机会。倘若没有，他们最终会被敌人的优势力量以及战争的变数消磨殆尽；反之，一旦时机成熟，即便敌方凭借理性分析、军事兵法或数量优势占据上风，骠骑兵也能逆势突围，一举胜出。

我选择《骠骑突击》作为本书的标题绝非偶然。眼下，匈牙利正需这种军事谋略。当今世界不禁使人深感处于一个巨大的战场之中，波诡云谲，混乱不堪。两军对阵，将领双双谋划如何整顿队伍，以适应瞬息万变的局势。美国在冷战中大获全胜，一朝登顶，作为超级大国短暂地取得了全球霸主的地位，但由于对手实力不凡，国内持续动荡，昔日霸主地位也已不再。新的博弈就此展开。前路难测，胜负难料，整个世界笼罩在恐惧与焦虑的阴霾之下。众人皆密切注视着这日益混乱的局势，并猜测下一步的变化。个别国家或静观其变，或置若罔闻，终将自己的命运置于大国的摆布之下。小国则别无他法，唯有破釜沉舟，另辟蹊径，才能将命运紧握手中。"骠骑突击"为匈牙利献上一计良策，也启迪我们在面临挑战之时，需增强自身独特优势，出其不意，大胆行动，抢占先机。过去十年，匈牙利发展迅速，有望成为发达国家。即使没有庞大的人口，广袤的领土，强劲的经济实力与雄厚的军事实力，甚至缺乏珍贵的原材料，但凭借聪明才智和辛勤劳动，今天的匈牙利比历史上任何时期都更接近成为发达国家，一切努力都没白费。进入 21 世纪的第二个十年，匈牙利的经济规模增长了三倍，与西欧的差距缩小了 10 个百分点以上。我们实现了充分就业。一切资源凡经匈牙利之手，无不蜕变为更具价值之物。匈牙利不仅仅是一个"组装厂"，更成为世界上第九大最复杂的经济体。随着经济效能的提升，税负降低，总税收却增加，使得壮大中产阶级规模、退休金保值、减贫成为可能。匈牙利的企业在地区乃至全球市场上大放异彩。全国正在进行的工业、能源和基础设施投资前所未有。同时，按经济规模计算，我们在支持青年和家庭、高等教育和文化方面的投入，在欧洲名列前茅。尽管如此，我们内心深处感觉到，我们的潜力还未完全发挥。按照世界银行的分类，我们早已超越中上等发展水平。但是，若世界银行的尺度不够精细，无法显示微小但重要的差异呢？更有一些国家看似前途无量，实则江河日下。导致后退的原因可能包括生产率下降、现有生产手段收益减少、基础设施不足、公共和金融服务匮乏、政治体制薄弱、缺乏创新能力以及收入不平等加剧等。要想保持在世界发达国家行列，我们必须勇往直前，克服挑战。而若想真正成为发达国家，我们还需要突破那层无形但实实在在的"玻璃天花板"，扩大经济规模，大力发展国家经济领军企业，并成为创新中心。这就是经济层面上摆在我们面前的任务。

同时，在国际政治舞台上，匈牙利也扮演着重要角色。作为喀尔巴阡盆地中部人口最多的国家，匈牙利不仅在欧洲政治历史上拥有超过千年的影响力，还是维谢格拉德集团的核心成员之一，并且是巴尔干地区的守护者之一。那么，我们该如何在国际政治的语境中描述匈牙利的这一角色呢？传统分类标准将国家分为超级大国、大国、中等国家、地区强国和小国，但这样的分类并不能完全覆盖国际政治中可能出现的所有角色。一个新的独立类别——地区中等强国——逐渐浮现。本质上，这样的国家有能力影响其领土之外的区域进程，尽管它们可能没有在所有地区都占据优势。匈牙利正是具有这样特性和抱负的国家，在推动区域合作和稳定方面发挥着关键作用，而且其地缘政治和文化地位使其影响在全球范围内也具有重要意义。匈牙利恰恰具备这些特点和雄心壮志。

匈牙利因而为自己设定了双重目标，不仅要成为世界上最发达的国家之一，还要成为地区中等强国。我们目标明确，并且有机会实现这些目标。这一点至关重要。正如匈牙利著名诗人桑德尔·维欧莱斯（Sándor Weöres）所言："唯有一事需知晓，其余皆微小：脚踩大地，头顶苍穹，登天阶梯，尽在心中。"我们坚信，匈牙利能够发挥其内在潜力，实现其所设目标，但并不意味着以同样的方式反复尝试攀登阶梯。我们必须用一双敏锐的眼睛来观察我们脚下的大地、我们头顶的天空和我们面前的阶梯的变化，察觉到我们所处环境的变化，包括我们的地位、我们的目标以及我们面前的每一个机遇和挑战。

因此，我认为在本书中详细探讨当前国际局势极为重要。在匈牙利，有时讨论会忽略了全面了解这些问题所必需的深层数据，以及国际科学讨论的成果，希望本书能弥补这一缺失。我认为这部分内容最有可能吸引外国读者的兴趣。反观，外国读者可能从未有机会了解一个像匈牙利这样"充满异域风情"的国家如何看待这个世界。

老实说，我们所熟知的世界正在终结。这并非求救信号，而是对现实的残酷陈述。这种说法乍一听令人震惊，但倘若解释清楚，还算容易接受。我所指的是，1945 年后，基于西方原则建立的国际组织和体系不仅成功地为冷战画上句号，还与世界其他国家做了一笔交易：这些国际机构为了促进这些国家的繁荣发展，提供了投资和发展资源，而作为交换，接受投资与资源的国家需要接受一套特定的经济政策模式，一种特殊的国家观念和某种"普世"

人道理想。

如今，这一切都已结束，认为这是国家成功的唯一途径的想法也随之瓦解。这种论断已不再自洽。随着时代变迁、地缘政治格局重组，以及超级大国之间竞争的复苏，其合理性受到了挑战。尽管国际机构及其提供的发展资源和投资尚存，所开发和推广的经济模式尚存，但如今已没有人真正认为这是唯一的救赎之路或是确保国家未来几十年和平发展的唯一途径。不少国家在不完全依赖这些原则的情况下取得了成功，显而易见，在未来几年内，将有新的国际机构在西方之外成立，创造新的发展资源和投资渠道。同样明显的是，任何拒绝这些新机会的国家都将落后于那些能够保持开放态度的国家。不言而喻，每个国家都需要找到自己成功的秘诀。借鉴他人的模式已经行不通了。提倡"外国的月亮比较圆"的世界，已经一去不复返。

因此，我们需要开诚布公地讨论过去的模式为何崩溃，以及它试图建立的世界秩序为何解体，以免任何人误解我这里的主要论点。毕竟，这种想法本质上并非无稽之谈。包括我们中欧地区在内的许多国家之所以能蓬勃发展，很大程度上都得益于这一理念。但归根结底，其最终还是基于一个错漏百出的前提。人们曾认为，得益于日益加速的全球化和前所未有的后冷战和平红利，一个基于经济互联互通、文化输出以及美国军事领导的世界秩序能够永久确保主导国家的霸主地位。同时，这一框架也能促进全球其他地区的发展水平。因此，维持这一制度符合所有国家的利益，这也标志着除了实际的全球化进程，我们还见证了全球主义作为一种意识形态的兴起。你可以将其与亚历山大大帝的征服相提并论，他在埃及以自己的名字命名了一座城市，并试图以此开始将古代东方世界"希腊化"。但亚历山大的努力完全没有达到他的预期效果。尽管一些野蛮人被"希腊化"了，但不少希腊人反而在某种程度上被"野蛮化"了。

自21世纪初到现在，我们亲眼见证了类似古代的变革过程。千禧年之初，宗教激进主义恐怖分子袭击了纽约世贸中心总部，而世贸中心在当时是整个全球化进程的象征。但是，旧秩序的崩塌不仅仅体现在这样的灾难事件中，也体现在经济层面。举个例子，今天我们可以清楚地看到，尽管中国已成为国际自由贸易体系的一部分，从而增强了自身实力，但它并未完全追随西方规则。也就是说，在时隔几个世纪之后，中国再次成为一个大国，对重塑全球经济体系产生了一定的影响。此外，中东的石油富国、印度及多个东亚国家等来自各大洲的数十个国家，或利用自身原材料优势和增强技术创新，或通过人口爆炸扩大国内市场，或通过找到特定的"利基"（英文为 Nich，意译为"壁龛"，有拾遗补阙或见缝插针的意思。例如在供应链中的作用、军事力量或地缘政治重要性），在全球舞台上找到了自己的位置。因此，为了保护自己的地位，西方国家经常明目张胆地无视自己创造的世界秩序——例如，未经联合国授权就发起的军事干预。如果西方如此轻视那些维护国际秩序的机构，那么对于任何有挑战国际秩序力量的国家而言，也无须将这些机构放在眼里。

这一系列事件如何演变至此，背后的故事说来话长，但现在一些西方思想家和政治战略家确信，当前的国际秩序已不再符合他们国家的利益。换句话说，如果局势持续恶化，问题也将随之而来。原本旨在通过全球连接和自由贸易来巩固经济和地缘政治优势的计划，如今适得其反。因此，战略调整应运而生。国家再次被划分为"善"与"恶"，其中"善"的一方在道德上更胜一筹，有责任击败"恶"的一方。"善"的一方需尽可能地组织起来，形成更为紧密的合作阵营，以共同对抗"恶"的一方。现在的任务不再是加强联系，而是将经济、基础设施网络和制度体系划分为两个阵营。讽刺的是，这一进程实际上加速了现有世界秩序的崩溃，而这正是当下所发生的事情。可以想见，下一个世界秩序将呈现出五种可能的场景，这其中三种显示出阵营化趋势，也就是重回冷战逻辑，而这是最有可能发生的情形。

有许多蛛丝马迹表明，我们正在朝着这个方向前进。一方面，许多西方国家，特别是美国的政治领导人希望在未来几十年甚至可能是下一个世纪里，用其所谓的"民主"和"专制"来持续激化国家之间的对立，并把这种分歧纳入其对外策略。实际上，这意味着美国不再渴望成为世界霸主，而是希望加强其在西方世界的地位。这种在国际舞台上强调民主与专制对立的做法，与声称其具有权力评定哪些国家属于"纯正"民主国家的主张相辅相成。另一方面，美国正加大对其盟友的压力，试图根据自己的偏好塑造它们的外交政策立场。

从匈牙利的角度来看，这种战略似乎糟糕透顶。它和之前的战略一样虚伪，因为显而易见，在意识形态的幌子下隐藏着坚不可摧的地缘政治利益，试图否认这一点只会让许多国家心生反感。还有人担心这种战略最终会适得其反，因为美国有许多非西方盟友，它们甚至并非名义上的"民主国家"。如果足够多的非西方国家决定与西方领头羊保持距离，地缘政治的格局将对西方极为不利。这将不再是国家之间的对抗问题，而是少数国家与越来越团结的多数派相对立的问题。

这可不是什么好兆头。以几个关键指标为例，在经济方面，非西方国家在生产能力上已领先于西方国家，且拥有更多的原材料储备。同时，各国的技术进步几乎处于同一水平线——当今世界上，几乎没有哪项创新能够长期保密；而就全球人口而言，西方国家大约仅占总人口数的七分之一。西方的唯一优势领域是军事力量。这看似好消息，实际上却意味着西方国家只能通过军事手段于潜在的冲突中赢得胜利。当一个国家或政权依赖于军事行动来解决冲突时，这实际上表明它缺乏其他有效的手段。自古以来，尽人皆知，不战而屈人之兵才是最高境界。然而，如今这种智慧已经不在，而不幸的是，这预示着我们所有人的未来可能将鲜血淋漓。

鉴于这些情况，西方世界若是故步自封，随意将世界分割为不同阵营，无疑是在自掘坟墓。这样做会疏远潜在盟友，产生不必要的冲突。更甚者，经济上的"脱钩"或"去风险"（切断经济联系）不仅代价高昂，从长远看，还会削弱西方在全球经济中的地位。

对我们而言，这种阵营化趋势也不符合匈牙利的利益。西方世界似乎在为这种可能的后果做准备，哪怕这会恶化其自身的处境。由于匈牙利是西方世界的一部分，它与欧洲同呼吸共命运。此外，过去十年中，作为一个以出口为导向的开放型经济体，我们的国家成就斐然。因此，构建经济、政治和文化桥梁的难度愈大，我们珍视的成就及其实现之道便愈岌岌可危。从这个角度看，问题几乎无法解决，错综复杂的问题线索难以理清。

如果问题确实无解，那么我们不妨换个角度思考。我们需要的是一个快速而创新的解决方案，从根本上重新评估问题的背景，打破常规，如同斩断戈尔迪乌姆之结，或者以一个匈牙利式的解决方式解决：骠骑突击！我所说的"骠骑突击"是匈牙利基于互联互通的战略，也是对我国角色的独到见解。可见，在以往的世界秩序中利用互联互通的优势，的确帮助匈牙利迎头赶上西方。然而，我们也见证了这一理念在危机中的失败，以及自由贸易的推广并未如预期那样让西方在地缘政治中占据优势，反而产生了相反的效果。

要理解这一转变，我们需要深入了解互联互通的概念及其迄今为止的影响。在苏联解体后形成的世界秩序中，互联互通成为西方的一个热词。然而，针对这种方法可能存在的弊端，本应进行的深入反思却从未发生。只要能从中受益，西方世界就全力以赴地投入其中；而一旦弊端显现，他们便以同样的热情予以抛弃。然而，就像很多事情一样，频繁地在两个极端之间摇摆，最终只会重蹈覆辙，只不过方向相反而已。正如匈牙利人所言，仅仅是从马的一边摔到另一边并无益处，人们应学会如何坐稳马背。

在本书中，我将结合我所熟悉的国际文献，讨论基于互联互通战略在 21 世纪的具体实践意义。在全球化的大背景下，国家间的相互依赖日益加深，迫使各国必须妥善管理这些依赖关系。其核心原则是，每种依赖关系的相对优势必须大于相对劣势。网络理论进一步指出，国家间的连通性愈强，从这些依赖关系中获得的利益也愈丰厚；反之，连通性愈弱，可得利益亦愈减少。若用网络科学（Network Science）的工具来描述这种依赖关系，可以说，若网络中的某个节点连接越多，则其在网络中的影响力也更大。换言之，建立关系不仅有助于推动匈牙利经济的增长，还能加强匈牙利的国际地位。这正是我们为匈牙利设定的双重目标：成为一个安全稳定的发达国家，以及成为一个地区性中等强国。我还认为，西方世界在挖掘互联互通的潜力时，因其盲目追求利益而忽略了增强自身依赖系统的抵抗力和韧性，最终适得其反。根本原因在于，虽然一个体系建立在互联互通之上，但它亦需具备自我保护的能力。这要求在保持连通性的同时，平衡内部矛盾目标，而现代西方的理性思维在处理这种矛盾时，往往显得力不从心。这也解释了为何西方曾经热衷于互联互通，现在却对其避之不及。

我们已确定了现代互联互通的基本原则，但这只是任务的一部分。换句话说，哪怕我们对互联互通的概念有了正确的理解，仍需将其付诸实践。更重要的是，只有当我们找准匈牙利在互联互通方面的定位，使其充分发挥优势，这些理论知识才能实际应用于本土环境中。我在之前的书中也有所提及，外来理念只有经过改造与调整，使之与本土实际相结合，才能真正为我所用。

试想，全球是由各国构建的一座巨大建筑，在这座建筑中有一扇壮丽无比的拱门，而我们的国家正是这扇拱门中关键的拱心石。我坚信，以这种方式描述匈牙利在新世界中的地位最恰当不过。众所周知，拱心石对于整个结构的完整性而言至关重要。尽管它体积不大，但其重要性不可替代。拱门的力量相互抗衡，如果没有拱心石将这些潜在的破坏性力量转化为相互增强的力量，拱门就会坍塌。从某种意义上讲，拱心石是拱门的精髓所在。没有拱心石，就没有拱门；没有拱门，拱心石也失去了其意义。拱心石既是构成拱门的一部分，又独立于拱门之外。它不仅具有装饰性，更是拱门的核心，不可或缺。

因此，拱心石实际上是拱门乃至整个建筑的要害。担任这一角色的国家，有望成为新世界的关键国家。这种国家不仅全方位与世界各国保持广泛联系，还是复杂联邦体系的一员，兼具开放性与创新性，能够有效地融入世界经济，并且在政治、军事、经济及文化领域均能发挥显著影响力。此外，该国的狭窄地区可能正好处于地缘政治断层和主要国际贸易路线的交会处，这一地理优势使其能够利用自身的网络整合区域资源，提升自身的战略地位，并充分发挥其潜力。若无此关键国家，该地区可能遭受竞争力量破坏。有此关键国家，该地区便能保持稳定。

得益于其地理优势、文化纽带、经济联系以及国家运作特性，匈牙利非常适合扮演这一关键国家的角色，并完全有条件成为一个发达的地区性中等强国。此外，尽管当今世界越来越倾向于集团化，这种角色认知仍能使匈牙利把握住由互联互通所带来的各种机遇。

匈牙利基于互联互通的战略精髓在于充分利用其地理位置、文化特性和经济特点，打造一个广泛的合作网络，从而发挥最大的优势。首先，我们需要对自身价值观有清楚的认知。匈牙利文化汲取了东西方的精粹，既展现共性又保持其独特性。这不仅赋予其成为连接不同文化桥梁的潜力，也是实现互联互通的最关键条件。基于这一基本认识，我们要寻找与其他国家合作的切入点。合作的关键在于吸引外国直接投资，因为没有充足的流动资本，国家的全面发展便难以实现。我们的目标是，不仅要吸引外国投资进入匈牙利，还要支持更多本土企业走向国际市场。这些具有潜力的企业是国家的宝贵资产，值得我们大力扶持。此外，匈牙利需要在某些关键领域取得突破，依赖高科技研究与知识转移的国防产业、能够增强供应链安全和韧性的能源与食品产业、从设计之初就旨在支持互联互通的信息通信技术、具备广泛供应链的汽车制造业以及在融资和盈利能力方面表现出色的银行业。此外，匈牙利亦需建设充分的基础设施。通过贸易、客运和能源的关键连接点，使匈牙利得以融入全球货物和人员的流动。同时，国内基础设施网络应无任何"死角"，保障国内各地均可迅速直达。由于匈牙利的互联互通战略高度依赖于本地区的优势，我们还需积极参与地区发展，支持发展区域贸易与推动经济合作伙伴关系，共同推进基础设施项目。

这些目标的实现，离不开匈牙利人民的广泛参与，他们需要明确看到互联互通带来的好处。换言之，政府的职责不仅是大力加强教育和人才培养的公共投入，更具体地说，还需要培养一支既精通政府运作又熟悉市场经济的公务员团队，他们在拥有国际视野的同时，也必须兼顾国家利益。这不仅是匈牙利当前的紧迫任务，更是对未来几代人的深远投资。此外，将匈牙利打造成国际文化、体育和旅游的交流平台也至关重要，而匈牙利作为世界上最安全的国家之一，为此提供了极大的便利。

毋庸置疑，没有安全就没有互联互通，确保国内外的安全，是政府的重要职责，这也表明了互联互通潜力与和平息息相关。没有和平，互联互通根本无从谈起。因此，匈牙利的外交政策必须始终以国家利益为基础。

对此，读者可能会认为，如果情况确实如此，匈牙利似乎已经陷入困境。尽管当前的国际形势并不完全有利于这种策略，但如果匈牙利能够制定并实施自己的互联互通战略，那么在未来几十年中，匈牙利无疑将成为真正的赢家。我们只需一次匈牙利式的闪电突袭，一次战略性的"骠骑突击"，便能扭转乾坤，化险为夷。正如本书所述，我们正朝这些方向大步迈进。

在匈牙利历史中，骠骑兵的英勇事迹数不胜数，其中1848年至1849年的匈牙利独立战争便是最典型的例证之一。战争尾声，应哈布斯堡家族的请求，俄罗斯帝国的军队加入了对抗匈牙利革命者的行动。然而，即便是两大帝国的联合力量，也难以抵挡骁勇的骠骑兵。索莫斯附近的一次交锋中，情况也是如此。面对人数众多的俄罗斯帝国骠骑兵，匈牙利军事领导层选择不派遣骠骑兵正面迎战，而是依赖炮兵保持战力并尽可能保存兵力。危难关头，迫于无奈，一些骠骑兵被临时调配为炮手。然而，骠骑兵们对这种安排显然心有不甘，他们伺机而动，一旦有机会便迅速跃上马背，迅速恢复他们熟悉的骑兵作战方式。随着战斗方式突然改变，一位名叫卢卡奇（Lukács）的炮兵中尉兴奋不已，也加入了行列，甚至从战场上夺取了一名被击毙的俄罗斯帝国军队士兵的制服和战马作为战利品。尽管有所成就，但因其本职是炮兵，他的上级仍对他加以责备。与此同时，骠骑兵上尉约瑟夫·索米亚斯（József Szomjas），单枪匹马击毙了三名俄罗斯帝国军队士兵，他高声喊道："我骠骑兵的豪勇又当如何！"这恰恰体现了骠骑突击的精髓：以绝妙一击，扭转整个战局，反败为胜。

然而，问题来了：如何将互联互通融入并指导日常政治任务？答案其实非常简单。我曾读到美国通用电气公司（General Electric Company）负责人的一段话："确定方向，埋头苦干——战略就是如此简单。"我们也应如此，必须保持专注，莫让自己偏离轨道。我希望本书能帮助我们明确方向，认清目标，并根据他人的建议坚持不懈地前进。

对于所有曾帮助本书成稿的人，我献上最诚挚的谢意。这本书的核心思想并非无中生有。古代圣贤马库斯·奥勒留（Marcus Aurelius）也主张我们必须深入理解自己所处的世界秩序及其治理原则——

我们恰如从这些原则中散发出的光芒，是这些治理原则的具体体现与传播者；时间宝贵，我们应珍惜每一刻，不负使命。这让我意识到，我们周围的世界正以惊人的速度发生翻天覆地的变化，正因如此，我们更需深思熟虑。认识到这点后，我在匈牙利时事周刊 *Mandiner* 杂志发表了我关于匈牙利互联互通战略的看法，并在欧洲外交关系委员会网站上发表了相关的英文文章。这些文章在国内外引起了很大反响，达成了预期目标。

由于反响强烈，在《骠骑突击》出版前引发了广泛讨论。来自世界各地的教授、分析师、记者、政治家和商人都与我分享了他们的看法。我收到了大量的支持和尖锐的批评，其中既有匈牙利语，也有英语。幸运的是，这恰巧为我的思考提供了一个出发点。在我之前的作品《匈牙利的战略之道》（*The Hungarian Way of Strategy*）中，我尝试梳理匈牙利战略思考中必须考虑的基本原则。从这个角度来说，我探讨的不仅是战略本身，更多的是元战略，也就是战略的战略。这个概念初听起来可能有些矫饰，但其背后确有深意，从西方思想史的角度也能理解其中的区别。研究基本原则与研究应变原则之间存在显著差异。应变原则通常适用于那些特定的、瞬息万变的情境，需要视情况而定。不难看出，应变原则依赖于对基本原则的深入理解。

正是基于这个原因，上一本书着重阐述了匈牙利战略中的根本性原则。无论在任何情况下，我们都必须坚守这些价值承诺，不因形势变化而动摇。不过，我认为有必要说明，甚至可以说演示，如何将之前书中列举的非应变原则应用于我们目前所处的具体情况。之前的书中强调，现在正是制定战略的关键时刻，因为世界正在迅速变化，我们的可操作空间也在不断扩大。若不采取行动，将犯下历史性的错误。眼下，我认为制定战略不仅可行，而且在某些情况下甚至是必需的，因为近年来事态发展加快，世界几乎已经完全改变。过去我们视为不变真理的东西已不再适用，或至少已不像以往那般确凿无疑。与此同时，新的真理正在浮现。适应意外情况虽有难度，但沉溺于问题更是容易。不能适应变化的人将面临失败，而那些能够解决问题的人将会成功。

同时，我不仅要对那些引人深思的批评予以感谢，我还要感谢周围给予的支持。首先当然是我的家人，他们一直在包容我。在我写下这些文字的时候，正值一个温暖的夏日，全家人都在外面晒太阳、玩水，而我却在屋里工作。我十分想念他们，但他们支持我工作。不过，放心，之后我们一起玩了球类游戏。其次，我要感谢我杰出的同事们，尤其是阿蒂拉·帕尔科（Attila Palkó）、马尔通·乌格罗什迪（Márton Ugrósdy）和格拉登·帕平（Gladden Pappin），我与他们共同讨论了这些问题，并完成了不可或缺的研究工作。此外，我要感谢许多人，与他们的谈话发人深省，特别是杰弗里·萨克斯（Jeffrey Sachs）和约翰·米尔斯海默（John Mearsheimer），以及伊万·克拉斯特耶夫（Ivan Krastev），他们在我的工作中提供了极大的帮助。我还要感谢维克多·欧尔班（Viktor Orbán）总理，是他让我有机会从事这些研究，他一如既往地是我最大的批评者，也是我最大的灵感来源。对于书中的所有内容，无论是荣誉还是责任，都由我一人承担。祝愿大家阅读愉快，并能在寻找思想的过程中有所收获！

二〇二三年八月十二日于波雷奇

目 录

第一章 世界／秩序：未来几十年会呈现何态势？

时间疾驰而过，奔流不息，若我们跃然而上，它将推动我们向前；若我们停滞不动，它也不会稍作停留；世界在变迁，强者逐渐变弱；弱者逐渐变强。

奥洛尼·亚诺什（János Arany）

古时的辛柯塔村（Cinkota）坐落于距离佩斯（Pest）更远的地方。据传在这个村庄里，古老的匈牙利度量单位"icce"是其他地方的两倍大，故每icce可量出两份的葡萄酒。作家莫尔·约卡伊（Mór Jókai）在他关于马加什国王的逸事中解释了这一原因。据故事讲述，辛柯塔村中有一位聪明的唱诗班领唱者，能机智应对马加什国王提出的各种难题，国王因此奖励了这位领唱者。因为对葡萄酒情有独钟，领唱者请求辛柯塔村的标准度量单位容量增大到之前的一倍。国王欣然应允，就这样，马加什国王将这一双倍度量写入法律。

然而，故事不出意外还是出现了转折。双倍度量单位的实施，也带来了价格的翻倍，这位聪明的领唱者最后并没捞到什么好处。他的聪明才智固然足以应对国王的谜题，但马加什国王最终还是更胜一筹。这位精明的领唱者所犯的错误在于，尽管他能够准确地制定自己的目标（双倍度量的icce），却忽略了与目标相关的情况，特别是改变度量能够且将会影响价格这一事实。

说得更专业些：如果我们改变关联系统中的一个变量，其他变量也将随之而变。这就是为什么我们永远不能只关注目标本身，还必须同时审视支撑目标实现的环境。因此，在我们开始考虑规划匈牙利战略之前，必须仔细研究匈牙利未来数十年得以崛起的国际环境。对其透彻的分析很有必要，因此第一章将对此予以详细探讨。

图 1-1　辛柯塔福音教堂，其中一部分仍有罗马式建筑痕迹，或许逸事中唱诗班的领唱者就曾服务于此，谁知道呢？
资料来源：维基共享资源

我们的出发点是，冷战结束后所建立的国际秩序当前正处于不稳定状态，我们所熟知的国际秩序将难以维系。更重要的是，本轮国际秩序的变化将很有可能终结西方文明几个世纪的主导地位。无论这一点能否实现，西方世界如何应对变化的局势，无疑具有举足轻重的意义。

细观西方主流政治周刊的时政漫画，不禁让人心生不安，昔日象征和平的熊猫，如今已被喷火的龙取代，而秃鹰不再如过去数十年那般，平静地俯瞰脚下的风景。这些转变在公共舆论层面也可感知，历史经验表明，这并非偶然，它相当准确地反映了公众情绪的变化。

在我们看来，冷战言论回潮，尽管乍看之下似乎合乎逻辑，实则并不符合西方世界利益。因为这些趋势疏远了西方的盟友，在西方世界内部制造了不必要的冲突，且使军事力量成为西方唯一竞争优势，从而加剧了军事冲突的风险。此外，经济脱钩或去风险将代价惨重，实际上是"杀敌一千自损八百"。此外，东方世界人力资源、物力资源丰厚，技术水平也一路攀升，克服此类障碍肯定更加容易。最后，最重要的是，从匈牙利的视角出发，这样的阵营化趋势也与匈牙利的利益背道而驰。

然而，千里之行，始于足下。唯有脚踏实地，逐一解决每个问题，才能真正理解上文提及的大局。我们的首要观点是，我们迄今所知的全球秩序正在逐步崩溃。为阐明这个观点，必须首先解释这个全球秩序是什么。

第一节　濒临崩溃的全球秩序

> 毕竟，经济、工业、贸易——简言之，诚实的劳作——一直并将永远预示着和平；因此，既然战争是国家永远的诅咒，对战争的恐惧就应成为对战争的永远驱离。
>
> 安德拉斯·菲（András Fáy）

传记作者告诉我们，查尔斯·狄更斯（Charles Dickens）不但十分迷信，还有高度洁癖。这其中存在着某种矛盾。毕竟，迷信难以捉摸，对于每一条"铁律"都可能有另一条与之相抵或凌驾其上。即便我们谨遵自认为正确的方式去做，也无法十足把握结果必然如愿。举个例子：我没有避开横穿我路径的黑猫，结果没赶上公交车。然而随后公交车出了事故，因此原本看似是厄运，但结果却是好运，是一种存在于更高层面上的"更大利益"的表现。或许是附近有一位烟囱清扫工带来的意外好运？黑猫通常代表厄运，而身着黑衣的烟囱清洁工则象征好运。在一个迷信盛行的世界中，最指望不上的，莫过于难以捉摸的可预测性。

与此对比鲜明的是对秩序的痴迷。这种痴迷基于这样一种观念：任何具实用性或装饰性的物品，无论人造还是天然，都只能以一种正确的方式存在。在特定情境下，只有它占据被赋予的时空点，才会被认为是正确存在。任何偏离都会导致衰退、衰变、熵增。时间会带来退化，痴迷于秩序的人，生来就以将事情恢复到正确状态为己任。秩序至上的世界以清晰为王，与迷信的世界对比鲜明，后者一切依赖解释。

然而，在狄更斯笔下，这两者紧密相连。有个主题能将这两种特性联系在一起，那便是控制自己生活的愿望。正如迷信一样，对秩序的狂热也体现了这样的需求，如果我们仔细关注我们行动的适当顺序，并深入探索周遭事物的规律，就可以减少生活中的不可预测性，预防飞来横祸。同时也更可能达成目标，因为达成目标的方法与路径变得可观察、可理解。

奇怪的是，从这个角度来看，狄更斯不仅正确，而且准确地洞察出秩序与控制之间的联系：在我们所处的世界中，有些必然性就和秩序痴迷者觉得事情应正确排布一样，是十分明确的。与此同时，有些偶然性也同迷信法则一样，不可预测、依赖于解释。因此，两者并非相互排斥，都有各自存在的合理性。世界秩序也不例外，它也充满着必然性与偶然性。世界秩序有明确的参与者，我们可以相应定义和描述它们。世界秩序甚至也有具体的规则，但这些规则在实际应用时，往往取决于其中个体如何解读。正因如此，我们可以通过多种途径理解世界秩序内涵。

声名显赫的兰德公司的一项研究中，"国际秩序"被定义为"管理国际环境中主要参与者之间关系的规则、规范和机构体系"。[1] 然而，实际情况远比这要复杂。每个时代都赋予世界秩序的概念以独特的解读，正如世界秩序本身也在持续变迁一样。[2]

尽管如此，我们仍应从兰德公司给出的定义入手，进而逐步探索这一概念的多元阐释。一方面，现有的大国关系主要受政治、经济、军事、文化和地理因素影响，因此值得研究。[3] 另一方面，世界秩序的任何概念或描述都囊括规范性规则，国际体系行为者在特定情况下基于此规范性规则采取行动。[4] 从大国关系以及规范规则的描述中，我们可以确定一些因素，比如行为者在世界秩序中，是在结构化还是在非结构化的框架中进行交流，以及它们在解决问题时，是倾向于采取合作性还是对抗性的方式。此外，近年来，非国家行为者在国际秩序中的重要性日益提升，世界秩序规则规范解释的有效性因而受到细微差别影响，因此，我们必须全面整体地理解认识规范规则，并扩展出适用于非国家行为者的规则。[5]

更重要的是，不同国际关系学派也按照截然不同的标准来解释国际秩序。现实主义学派认为秩序的存在与否取决于权力平衡，特别是军事力量的平衡。[6]约翰·J. 米尔斯海默认为，人们普遍认为现实主义与战争有关的原因在于，如果将那些主张世界就是权力竞争的理论支持者置于决策地位，他们将毫不犹豫诉诸军事力量。[7]然而，在实践中，现实主义学派的支持者往往并非主战派。[8]

在自由主义的视角下，"国际秩序"被诠释为国际组织和规范的整体，各国理应遵守这些组织和规范；且这些组织与规范有助于建立互利合作，避免零和博弈。[9]因此，与现实主义学派相反，自由主义学派的人往往认为，只要遵循该学派准则，冲突就能被和平解决。[10]

图 1-2 1990 年后世界秩序之父的半身像: 施普林格出版集团柏林办公大楼前的乔治·布什(George Bush)、赫尔穆特·科尔(Helmut Kohl)和米哈伊尔·戈尔巴乔夫(Mikhail Gorbachev)雕像

资料来源: 维基共享资源

与此同时,建构主义学派的基本出发点是,各个社会的共同价值观决定着国际行为体的利益,并最终决定了他们的行动。[11] 基于这一视角,建构主义者首先将国际秩序视为意识形态竞争的舞台。[12]

这也表明,我们并不缺乏描绘 1990 年以后世界秩序的分析路径。最容易确定的要素是权力中心。人们普遍认为,1990 年以后的世界秩序是基于美国霸权的单极世界。[13] 从意识形态的角度来看,我们可以说世界秩序就是建立在西方文明至上的基础上的。

弗朗西斯·福山（Francis Fukuyama）的"历史终结论"便是这一观点的精练表达。众所周知，福山在后冷战时代之初，就预言西方民主思想将席卷全球。[14] 也就是说，他认为，随着时间的推移，非西方世界，即世界的另半壁江山，也将采用西方的制度体系及其政治和经济组织原则，这将导致世界主要文明冲突的终结。并且在这一进程结束时，整个世界都将趋同于西方及其领导力量——美国。因此，国际秩序准则主要由西方世界以及美国的决定，这不足为奇，这些国家主要凭借在国际社会或组织中积累的深厚影响力实现这一点。[15]

一　支配全球化世界的思想

当然，上述描述相当笼统，但也涵盖了许多要点。1990 年以后世界秩序的主要意识形态以统一的、日益互联互通的世界为特点，因此公共舆论常将其与全球化紧密相连，甚至直接将后者等同于世界秩序本身。在下文中，我们将尝试厘清这个支配全球化的思想学说，然后阐述它们之间的联系。

正如安德拉什·朗奇（András Lánczi）早在2002 年所描述的那样，全球化是西方现代化逻辑的自然延伸。[16] 它犹如一种近乎自然的力量，并且因此并不承载任何固有的道德价值。全球化作为一种现象，更像是一种趋势，甚至法则，就像太阳每日升起，除非世界经历根本性的变革，否则无法逆转趋势。对我们来说，这种现象的后果可能是积极的，也可能是消极的。至于如何应对，取决于我们自己。接着上面的比喻，我们可以为恢复精力的睡眠时间已经过去而遗憾，也可以选择对起床期待不已，开启成效满满的一天。

相比之下，支配该进程的思想难以捉摸，其具体内容随时间变迁不断演变，很难定义其本质。[17] 为确切理解它的本质以及其与全球化之间的关系，有必要从历史角度对其探究。20 世纪 70 年代，该思想作为一种独特的世界观崭露头角。当时，1945年后占据主导地位的经济政策路径（通常被称为凯恩斯主义）正处于危机中。这种经济政策路径强调福利供给，注重国家积极介入，并相信国家经济增长的关键在于加速增强大规模生产能力。然而在当时，除了高通胀之外，经济增长停滞不前，关键预算指标为负值，公共债务不断增加。在此之前行之有效的西方经济体系也难以为继。

因此，它的出现首先是对这场危机的经济回应，

体现为市场转向。此外，在某种意义上它标志着 19
世纪末 20 世纪初的典型的经济自由主义的回归。[18]
因此，它的核心主张在于限制政府参与，加强自由
贸易，推动放松管制，简化税收制度，并尽可能减
少税收体制中的累进要素，同时在可行情况下将工
业私有化。[19] 尽管如此，它在 20 世纪 70 年代仍主
要停留在理论层面（而非实际政治操作），因此在这
一时期主要还是经济学家扮演重要角色，包括大名
鼎鼎的米尔顿·弗里德曼（Milton Friedman）和芝
加哥学派，直至随后十年才真正走向政治主流。

正因如此，20 世纪 80 年代通常被誉为自由主义
的黄金时代。这一时期，政治家已经从理论家手中
接过了它的大旗。这十年间，西方世界两位标志性
领导人——玛格丽特·撒切尔（Margaret Thatcher）
以及罗纳德·里根（Ronald Reagan）开始将该理论
付诸实践，而这些理论原则成为摆脱 20 世纪 70 年
代的经济危机与停滞的出路。[20] 此外，西方世界的
经济优势还推动了冷战的终结：苏联解体归咎于其
自身的经济困境，而西方发起的激烈经济与军备竞
争进一步加速了东欧剧变。

冷战结束后，该思想开始在全球范围广泛传
播。[21] 在这一时期，它成为美国向拉丁美洲、亚洲、

非洲等非西方世界国家提出的发展计划的基石。该阶段的显著特点之一为 1945 年建立的布雷顿森林体系组织与协定，包括世界银行（WB）、国际货币基金组织（IMF）、国际复兴开发银行（IBRD）、关税及贸易总协定（GATT）以及世界贸易组织（WTO），成为自由经济原则的渠道。[22] 这就是所谓的华盛顿共识，其初衷为促进拉丁美洲乃至世界其他地区的经济发展。[23] 作为共识的一部分，上述机构通常将采纳该经济原则作为获得发展资源的先决条件。[24]

由此可见，该思想的历史至少可以分为三个时期，其概念在每个时期含义不同。上述历史概述说明了为什么难以给它下单一定义，因为我们可以将其视为"一揽子经济政策措施"，或解读为"政府体制"和"意识形态"。[25] 所谓"政府体制"，按照米歇尔·福柯（Michel Foucault）的说法，指的是治理的隐含前提、价值主张以及其背后的具体逻辑。[26] 按照该治理原则，若国家采用自我调节的自由市场作为其运作模式，同时在全国范围内推行自由市场原则，那么国家就能运转良好，行之有效。同时，它也是一种意识形态，强调基于自由市场、相互依存的世界经济为全人类带来繁荣。因此，人类形象的理想状态是奉行市场价值观，并在社会生

图1-3　亚里士多德指导他的学生亚历山大大帝

资料来源：安·罗南（Ann Ronan），盖蒂图片社

注：在亚历山大大帝东征之前，这位希腊哲学家一直都是马其顿统治者的老师和顾问，然而，亚里士多德并不同意亚历山大的希腊化计划，认为希腊化进程会最终导致希腊文化的终结，所以他在这场运动之初就离开了亚历山大大帝，正如亚里士多德之后被证明是正确的，全球西方化的弊端现如今也显而易见。

产、消费以及自由交换中实现个人价值的社会个体。因此，这与西方文明所倡导的理念高度契合。[27]

在此坚实基础上构建的国际秩序，其基石在于各国间的相互依存，以及通过推行自由贸易制度，采纳该政治制度体系，期望能够在国际层面有效降低战争风险，并实现更为迅速的经济增长。需要强调的是，西方这一基本立场不仅强调深化经济关系，也强调传播政治价值与组织原则。这背后还存在别的考量，即相互依存固然为参与国带来利益，但西方国家最终在这一过程处于相对优势。[28] 这些相对优势将加剧现存的经济不对称性。而经济力量盈余将最终转化为政治力量盈余。换言之，凭借强劲的经济表现，西方大国将能够对非西方世界政治走向指手画脚。[29] 过去三十年，西方一直在对外推行这种战略，直到美国总统唐纳德·特朗普（Donald Trump）执政后，西方才出现了一位敢于质疑这一战略正确性的领导人。[30]

综上所述：全球化是一个持续数世纪的"自然进程"，而"支配这一进程的思想则指一系列具体的经济政策措施、治理原则以及意识形态承诺。两者之所以常被混淆，主要原因在于西方大国利用其自身国际制度体系，开始将该原则强加于非西方国家之上。实际上，这意味着 1990 年后，它成为已经持续数世纪的全球化进程的组织模型与基本模式。因为全球化可被多种方式定义，这些经济措施、治理原则与方法、意识形态信条的传播都可与全球化这一模型联系起来。这也是它成为"美式和平"时代的全球化模型的原因所在，该时代开启了美国霸权地位，美国成为塑造世界秩序规则的力量。[31]

二 世界秩序的终结：致命连击

众所周知，万物皆非永恒。一切创造终将归于消逝。[32] 每个现存体系，包括当下的世界秩序，都有其弊端，而这些弊端将不可避免地改变现状。[33] 1990 年后的单极世界秩序也不例外。[34] 早在 2000 年，"美式和平"时代世界秩序的危机征兆就已经显现。[35] 站在 2023 年的历史节点，我们得以一步一步追溯那些使 1990 年以后世界秩序不可持续性日益凸显的事件：[36]

1. 2001 年，中国加入世贸组织，为其经济腾飞铺平道路。

2. 2001 年，基地组织对纽约世界贸易中心发动袭击，此举被视为对霸权国家的公开挑战。

3. 2008 年，国际金融危机动摇了新自由主义与资本主义经济模式至高无上这一信念：首先，金融危机凸显了日益加剧的社会不公平，其次，因为金融危机需要国家大规模干预以避免更多损害。[37]

4. 2015 年，移民危机，表明文明交汇并非全球主义理论家所设想的乌托邦式的进程。事实上，文明交汇往往导致分歧加剧。[38]

5. 2016 年，英国公投脱欧，在很大程度上根源于移民危机，表明欧洲一体化模式停滞不前，欧洲项目陷入合法性危机。[39]

6. 2016 年，中国的经济产出（以购买力平价计算）赶上了美国，并且自那之后，中国国家工业产值逐年上升。

7. 2016 年唐纳德·特朗普当选美国总统，表明基于国家利益的政治在美国仍有相当一部分支持者。

8. 2019 年，新冠疫情，表明全球生产链可能导致国家经济出现严重异常。[40]

9. 2022 年，乌克兰危机从根本上改变了西方进步精英对世界秩序的看法。此外，中东地区暴力事件频发，警示着现今世界秩序已无法保障和平。

上述事件本身并不能解释世界秩序的崩塌。正如我们所见，对于世界秩序的描述首先从其主体角度出发，然后依据其权力中心逻辑，最后聚焦于界定主体之间关系的规则体系。因此，若要探究国际秩序不稳的根源，我们很有必要研究各个主体与规则间的关系，换言之，国际秩序主要是以主体遵循规则为特征，还是以规避规则为特征。

三 规避规则 [41]

诚然，愤世嫉俗者常有言，规则就是用来打破的。尽管这种观点令人不快，但确实反映了一种常见现象。譬如，竞技体育运动中，运动员或团队往往会寻求更新颖、更有利的方式解读比赛规则，这并不罕见。特别是在更具技术性的竞赛中，新技术或设备的问世，往往会激起长时间针对其公平性的讨论。然而，竞技体育中往往是"竞赛之外的角色"，如裁判、监督机构以及体育联盟来最终判定"突破界限的举措"是否违规。若无这些人员或机构的存在，规则框架将随时间的推移不断被解读，进而无限延伸。尽管国际秩序也有这样的决策主体，但他们自身也是秩序的一部分，而非纯粹的秩序创造者（就像体育联合会之于体育锦标赛那样）。因此，规则更易受到"创造性解决方案"的侵蚀。

有鉴于此，发生这种侵蚀不足为奇，国际秩序中的西方国家与非西方国家都发挥了各自的作用，实际上是一种合力。不难看出，西方制度模式并没有以相同的效率传播到世界各地。例如，中东欧地区国家相对全面地采纳了当前西方的治理原则，而当今西方势力的挑战者们则选取了完全不同的策略。中国也许是最明显的例子。这个东亚巨人按照"华盛顿共识"的自由贸易原则进行了经济与贸易体系的转型，但并未采纳西方的治理原则。[42] 因此，中国根据贸易需要调整经济制度，创造出了独特的经济制度。因为中国经济决策仍然由中国共产党集中统一领导，这种调节能使中国最大限度利用规则提供的可能性。1978 年，邓小平同志宣布改革开放计划，[43] 中国迅速在政治和经济上融入全球化浪潮。1980 年，中国加入世界银行和国际货币基金组织，[44] 2001 年，[45] 中国加入了世界贸易组织。此后，中国的出口，也是其增长的主要动力之一，开始呈指数级增长。[46]

尽管"华盛顿共识"的主要机构推动了中国的全球化进程，但它更像是基于中国的意愿，因此，预期中的所谓的经济自由化并未出现，更不用说向西方民主制度过渡了。[47] 中国对经济强有力的把控，并通过国家补贴增强了中国企业的竞争优势。[48] 大多数营收最高的公司仍是国有企业，核心战略部门也由国家控制。[49] 银行系统同样由国家控制，贷款利率相对较低，放贷额度慷慨，同样凸显出其竞争优势。[50] 因此，中国现凭借其自身经济实力，获得了竞争力及国际地位，同时并未"西方化"。[51] 中国在保持其自身意识形态与文明独立性的同时，增强了自身实力。

中国并非唯一参与西方制度体系的非西方国家。中东和亚洲其他国家也是如此，这意味着它们也开始在西方制度生态系统中谋求自身利益。就海湾国家而言，值得注意的是海湾合作委员会（GCC）。该组织成立于 1981 年，已经在经济上转变为一个关税联盟，内部价值由成员国共同决定。[52] 当然，海湾合作委员会（CGC）成员国能在国际上占一席之地，最初要归功于其富饶的自然资源。如今这些国家军事实力同样不容小觑，每个成员国的国防开支，都远远高于北约国家试图达到的水平，即占据国内生产总值 2%。[53] 在过去的二十年里，海湾合作委员会系统地开放亚洲合作，尤其是与印度和中国的合作。[54]

印度的影响力也与日俱增。如今，印度是世界上人口最多的国家，按名义 GDP 计算已位列第五大经济体。[55] 直至 1991 年改革前，印度实行的一直是混合计划经济制度，工业化发挥核心作用，尤其是钢铁工业的发展。[56] 然而，到 20 世纪 80 年代末，该模式已是穷途末路，并逐渐走向终结。因此到 1991

年，印度开启全面转型，与更广阔的世界经济相连接。[57]

上述发展态势，即新兴国家日益增长的实力，以及随之而来的维护自身利益的能力的显著提升，开始让其所加入的制度体系承受压力。然而，这枚硬币还有另一面，包括美国在内的西方大国也并不总是完全遵守国际秩序规则。如果说西方挑战者们擅长找出经济体系的漏洞，那么西方国家则更倾向于通过挑战规则的权威，采取政治行动来破坏规则。过去三十年中，西方国家时不时实施军事干预，不止一次未经国际机构（如联合国安理会）批准就开展行动，有些甚至绕过了《联合国宪章》的约束。[58] 我们还可能会注意到，美国多年来一直阻止世贸组织上诉机构法官任命，扰乱了这些小组的工作。[59] 如果既定秩序的规则得不到其最重要行为者的尊重，一段时间后，秩序就无从谈起了。[60]

四　西方价值观的"内部侵蚀"

前文概述了西方大国忽视现存国际秩序规则的数个场景，这些事件揭示了一个更深层次的问题。国际关系理论专家米尔斯海默曾就现实主议和自由

主义学派的理论阐述发表过见解。他指出，以暴力
乃至军事手段强行推广西方理念的做法，不仅让伊
拉克、阿富汗等国陷入混乱，实际也未能真正促进
西方价值观的传播。[61] 更糟的是，这些干预最终导
致的是西方价值观在西方国家内部受到侵蚀。[62] 这
种困境背后的原因机制如下：不惜以战争为代价，
传播西方思想；西方模式的国家发现自身卷入越来
越多的军事冲突，而这些军事行动在本土引发越来
越多的反抗，反战的声音越发强烈。当局越来越将
这些反战声音视为敌人，并开始限制那些支持这种观

图 1-4　得克萨斯州反战示威
资料来源：盖蒂图片社

点的人的自由，包括他们的言论自由。[63]

此描述囊括了具体、清晰可辨的过程。然而，我们深信这些过程指向了更为深刻的现象。[64] 弗朗西斯·福山和约翰·米尔斯海默的想法在某种意义上不谋而合。福山在他的《历史的终结及最后之人》一书中还写道，对原本胜利的自由民主制度而言，只剩下一个威胁，即对自身价值观的不确定性。[65] 这种不确定性根源于自由主义的"平等主义"与权利扩张实践（从法律意义上讲），这种实践的不当过度应用最终会导致文化相对主义，以及对根本的社群价值产生怀疑。米尔斯海默似乎也在描述这样一个过程，且两位理论家一致认为，这一过程破坏了西方自由民主的社群组织力量，并使社会分崩离析。[66]

奇怪的是，正是自由主义更具批判眼光的观察者们（这超越了自由主义国际层面的局限），最早察觉到这一思想中隐藏的相对主义倾向。德国宪法法官和法律哲学家恩斯特·沃尔夫冈·博肯弗德（Ernst Wolfgang Böckenförde）指出，现代自由世俗国家在其自身无法把握的基础之上运行。也就是说，只有当它提供的自由是来自公民的内心，来自个体的道德感知，并通过同质的社会在内部进行调整时，才能称其为自由国家。另外，它本身不能试图通过法律胁迫和权威命令的手段来确保这些内部调节力量有效运行，因为这将侵犯自由原则。因此，现代世俗国家不得不向前现代的传统社会继承这些内部调节力量。[67] 若我们认同博肯弗德的判断，即现代自由世俗国家无法复制其赖以生存的价值观，那么就不难看出，社会或政治模式生存所必需的价值观最终将受到侵蚀。[68] 这是因为个人对社会公认价值观的接受度为社会运转奠定了基础。换言之，个体公民为社会利益作出了某些牺牲，因为他们认同并重视这些价值观。因此，共同价值观是社会凝聚力的基础，共享价值观消失将导致极端个人主义的出现，在这种情况下，个体自我主张本身将判定行为对错与否，而更广泛的社会利益反而变得难以理解。西方社会中不断加剧的物质不平等程度就反映了此现象。[69] 不平等反过来进一步削弱了社会凝聚力，同时破坏了经济进一步增长的条件。[70]

因此，西方世界带来的世界秩序危机并非仅受外部因素（如挑战者日益强大）的影响。西方自身价值观的不安全感，以及在这种背景下西方价值观传播所固有的矛盾，也在其中扮演重要角色。一个没有安全感的霸权国家很少会保持仁慈。[71]

注释

1. 见马扎尔（Mazarr）等人的著作（Mazarr et al., 2016）。

2. 亨利·基辛格（Henry Kissinger）针对此问题给出了一个非常恰当且易于理解的总结，他不仅关注到"世界秩序"一词在西方文明的不同历史时代有不同解释，而且还关注到该词在其他文明，如中国或伊斯兰世界，含义也不尽相同（Kissinger, 2014a）。

3. 约瑟夫·奈（Joseph S. Nye）将权力关系划分为政治、经济、军事以及地缘政治因素。

4. 有关规范性规则的更多信息，请参阅施密特（Schmidt）等人著作（Schmidt-Williams, 2023; Gorobets, 2020; Jovanović, 2019; Shelton, 2006）。

5. 非国家行为者的出现可能会产生两个基本问题：首先，这些行为者的崛起可能会限制个别国家行为者的主权。这反过来又导致了第二个问题：他们要求建立一个规范体系，明确规定这些非国家行为者的权利和责任（Ben-Ari, 2012）。

6. 最重要的现实主义作家有尼可罗·马基亚维利（Niccolò Machiavelli）、汉斯·摩根索（Hans Morgenthau）、雷茵霍尔德·尼布尔（Reinhold Niebuhr）、雷蒙·阿隆（Raymond Aron）、乔治·F. 凯南（George F. Kennan）、马丁·怀特（Martin Wight）、巴里·布赞（Barry Buzan）、约翰·米尔斯海默（John Mearsheimer）、巴里·波森

（Barry Posen）、肯尼思·华尔兹（Kenneth Waltz）和斯蒂芬·沃尔特（Stephen Walt）。

7. 米尔斯海默引用了几项研究来支持他的观点（Carr, 1962; Gilpin, 1996; Mearsheimer, 2005a; Mearsheimer, 2005b）。

8. 其原因在于，现实主义者并不以在世界上传播他们的思想为目标，而有使命感的理想主义者为按照自己的形象塑造特定国家政治体系，甚至不惜以战争为代价（Mearsheimer, 2022）。

9. 最重要的自由主义作家包括伊曼努尔·康德（Immanuel Kant）、罗伯特·基欧汉（Robert Keohane）、约瑟夫·奈（Joseph Nye）、安德鲁·莫拉夫席克（Andrew Moravcsik）、罗伯特·吉尔平（Robert Gilpin）和卡赞斯坦（Peter J.Katzenste）。

10. 这种信念可以追溯至伊曼努尔·康德（Kant, 2016）。康德在他的作品《永久和平》（Zum ewigen Frieden）中认为，民主国家永远不会相互开战，而是在制度框架内解决冲突。这一观点构成了现代自由学派的基础，即通过夯实国际机构效力，将解决冲突限制在制度框架之内。康德的思想以一种特殊的方式渗透在民主输出的观念中，依据过去数十年的经验来看，民主输出在大多数情况下远非和平进程。

11. 最重要的建构主义作家：凯瑟琳·西金克（Kathryn Sikkink）、彼得·卡赞斯坦（Peter Katzenstein）、伊丽莎白·基尔（Elizabeth Kier）、玛莎·芬尼莫尔（Martha Finne-

more）以及亚历山大·温特（Alexander Wendt）。

12. Wendt，1999.

13. 伊肯伯里（Ikenberry）和卡根（Kagan）等。追随这些学者，一些匈牙利作家也认为，美国霸权主义只能被视为国际关系理论中的例外。即本质上，"美国在国际体系中能够如此强大，毫无敌手，以至于能够奉行纯粹的自由主义外交政策，旨在按照符合其内部价值的利益来传播自由主义秩序"是一种例外。同时，这两位作者坚信，这样一个常规之外的国家不会走得久远（Ikenberry，2012；Kagan，2012）。

14. 福山指出，自由民主不仅无可替代，这种政治制度在世界范围内也将在越来越多国家中得到采用："正是在这种背景下，当前自由主义革命的显著世界特征才具有特殊意义。因为它进一步证明，有一个基本进程在起作用，它决定了所有人类社会的共同演进模式，类似于人类朝着自由民主方向发展的世界史"。这场"自由主义革命"认为历史进程是理性的，可在理性基础上被理解，如果采用最先进的政治和经济制度在理性上是非西方国家的最佳选择，那么相当一部分国家都会这样做。福山只是众多宣称西方世界将取得最终胜利的众多作者之一，提出类似观点的作者还包括克劳特默（Krauthammer）、穆拉夫奇克（Muravchik）、伊肯伯里（Ikenberry）、卡根·皮科内（Kagan-Piccone）以及贝克利·布兰兹（Beckley-Brands）。

15. 我们已经在《匈牙利的战略之道》(*The Hungarian Way of Strategy*)中讨论过这个主题：在冷战结束后的十年中，人们就国际系统单极化这一议题讨论不断。讨论主要围绕单极世界秩序和美国霸权的持久性，究竟是将维持数十年，还是终将走向倒台？讨论最终形成三大立场。早在 1990 年，即苏联即将走向解体前夕，查尔斯·克劳特哈默(Charles Krauthammer)在《外交事务》(*Foreign Affairs*)期刊中与预测多极世界秩序崛起的阵营展开了激烈的辩论，如他与带有传奇色彩的英国自由主义历史学家保罗·肯尼迪(Paul Kennedy)之间的辩论。保罗在其 1987 年出版的《大国的兴衰》(*The Rise and Fall of the Great Powers*)中曾预言，一个永久稳定的多极世界秩序将在 20 年内出现。相比之下，在克劳特哈默看来，冷战后世界体系将以单极化为特征。随着苏联解体，世界将仅剩一个超级大国，即美利坚合众国，以及日本、德国等次级强国。美国将有资格宣称自己为国际霸权超级大国，因为只有美国同时拥有足够强大的政治、经济以及军事实力。甚至克劳特哈默也承认，美国的霸权不会永远持续下去，但他认为多极世界秩序要在几十年后才会出现(Krauthammer, 1990)。1993 年，新现实主义者肯尼思·华尔兹(Kenneth Waltz)认为，即使西方联盟体系中几个国家已变得更为强大，但在相当长一段时间内，美国的头号强国地位不会被撼动。唯一的问题是，美国会采取何种战略？是采取一种孤立主义，允许其他国家在积极参与塑造国际体系的同时获得相当大的自由，还是会将手伸得更长？（Waltz，1993）。在 2000 年发表的一篇文章中，华尔兹认为，冷战结束后世界秩序确实呈现单极化，但这其实是人类历史上最不稳定的体系，不久后就走向终结。这主要是因为美国作为世界头号大国，在国际体系中承担了太多的任务，而没有其他力量来对抗美国的雄心壮志。与此同时，对单极化体系忧心忡忡的国家正试图增强自身实力，独立的或是作为联盟体系的一部分与美国相抗衡（Waltz，2000）。作为对新现实主义者的反驳，约翰·伊肯伯里（G. John Ikenberry）对单极国际体系进行了自由化解读。根据普林斯顿大学教授的说法，美国可以采取一种策略，让潜在挑战者愿意维护该单极体系，以此达到维持单极国际体系的目的。换言之，有必要说服其他国家，相较于构建其他替代性体系与美国霸权相抗衡，维持现有的美国主导国际体系组织益处更多。更粗略地说，世界单极化部分基于美国实力，部分基于平等参与的假象（Ikenberry，1998）。

16. 全球化不是一种选择或一种有意识的决定，而是一种西方文化内在逻辑的结果。凭着一种近乎为自然法则的力量，西方从经济、政治和文化层面将整个世界联系在一起。

17. Plehwe-Mirowski, 2009; Peck, 2010.

18. 米尔顿·弗里德曼（Milton Friedman）将其表述为对 19 世纪古典自由主义的批评，因为在优先推动自由竞争的同时，实际促进了垄断的形成。另一方面，他建议国家应把加强竞争作为关键任务（Friedman, 1951）。

19. 大卫·奥斯本（David Osborne）和泰德·盖布勒（Ted Gaebler）从广义角度强调了该经济政策的几个特征：政府以加速经济增长、提高其竞争力为核心任务，采取市场为本、消费者为中心、富有创业精神的策略（增加收入、减少开支），同时实行分权管理（Denhardt, 2008）。

20. 该原则早在 1981 年美国总统里根的就职演说中就已显现。总统里根对美国人民说："在当前的危机中，政府的管理不能解决我们面临的问题；政府的管理就是问题所在。我们时常误认为，社会过于复杂，已经无法凭借自治方式加以管理，而由杰出人物所引领的政府，比民有、民治、民享的政府更高明。现在，为了不引起误解，我表示，我无意废除政府，而是要它发挥作用——与我们合作，而非凌驾于我们之上，与我们并肩作战，而非骑在我们背上。政府能够且必须提供机会，而非将其扼杀于摇篮中；促进生产，而非束缚生产。"玛格丽特·撒切尔在 1984 年的一次演讲中也提出了类似的观点："我在上任时就有一个意图：改变英国，从一个依赖型社会转变为一个自力更生的社会，从'拿来给我'转向'自己动手'，从'坐以待毙'转为'起而行之'。"这两篇演讲都清楚地表明了该经济哲学与 20 世纪初自由放任的自由资本主义有何不同。前者中，国家职能颇丰，核心在于创造机会以及维持公平竞争。值得注意的是，在两位英语国家政治家的思想中，该原则如何与保守主义思想交织在了一起。里根和撒切尔都追求完全实现形式的自由竞争，旨在助力于那些自给自足的个人，他们靠工作生活，并为自身负责。里根的话语中，我们感受到的独特保守主义民粹主义也是一个重要的保守主义主题。里根将强大的中央集权政府等同于精英官僚机构。然而，其能否实现保守主义者的希望，还绝非确定。事实上，情况似乎恰恰相反。罗杰·斯克鲁顿（Roger Scruton）回忆起，在20世纪80年代，他了解到撒切尔领导下的经济原则，但即使在那时，也能看到其缺陷。斯克鲁顿认为，当时这两位伟大的英语国家保守派领导人没有认识到，他们所信奉、优于管理式、官僚式政府的自由市场并不存在。之所以不存在，是因为大公司和跨国公司与保守派热衷于批评的政府部门一样，都是按照完全相同的管理方式、官僚主义原则，以同样精英方式、采用同样的中央计划来运营的（Scruton, 2023）。事实上，今天很少有像跨国公司这样的技术官僚实体。如果（广义上）翻拍一部反映里根时代晚期精髓的电影，即梅兰妮·格里菲斯（Melanie Griffith）主演的电影《打工女郎》（*Working Girl*），女主角将无法像电影中所述那般，凭借其卓越的商业理念在职场步步高升，而是通过优化 Excel 表的处理，从而使她的职称可以从"会计师"升为"主题专家"。

21. 杰米·佩克（Jamie Peck）将20世纪90年代称为该主义的"推出"阶段（Peck, 2003）。

22. 布雷顿森林机构旨在促进华盛顿共识建议在发展中国家的快速传播（Phillips, 2020）。

23. 华盛顿共识核心在于采用以下原则：预算原则，在这种情况下意味着削减公共开支，税收制度革新，利率自由化、贸易自由化、外国直接投资自由化、私有化，放松管制以及优先保护财产权（Phillips, 2020）。通过西方经济治理原则的实施，西方机构实际上推动了福山采用西方模式的预测或期望的实现。

24. 通过规定采纳西方经济治理原则，西方机构实际上实现了福山对采纳西方模式的预期。

25. Steger-Roy, 2010.

26. 治理（法语：gouvernementalité）这一概念，最早由法国哲学家米歇尔·福柯于1978年和1979年在法兰西学院举行的一系列讲座中提出。

27. 曼弗雷德·B.斯蒂格（Manfred B. Steger）和拉维·K.罗伊（Ravi K. Roy）从概念上将新自由主义概括为一种已经成为全球化组织原则的意识形态："例如，其中一个主张表示，建立全球一体化市场是一个理性过程，能够推动个人自由和世界物质进步。这里的基本假设是，市场和消费主义原则是普遍适用的，因为它们吸引了所有（追求个人利益）的人，不受他们的社会背景影响。即使有鲜明的文化差异，也不应被视为建立单一的全球商品、服务和资本自由市场的障碍。与之相关的一个观点认为，贸易自由化以及全球市场一体化终将惠及所有人，实现物质福祉的提升。这一主张旨在增强新自由主义的全球吸引力，因为它试图向人们保证，创建一个单一的全球市场将使整个地区摆脱贫困"（Steger-Roy，2010）。

28. 民主和平理论在20世纪90年代再度兴起，其灵感源自伊曼纽尔·康德（Immanuel Kant）的文章《永久和平》（Perpetual Peace）。康德表示，如果所有国家都过渡到共和宪政制度，签署和平条约，建立必要的国际法框架，采取某种国际宪法的形式，就可以实现永久和平。民主和平概念的现代倡导者包括多伊尔（Doyle）和拉塞特（Russet）。

29. 例如，考虑一下华盛顿共识机构提供的发展资源如何与具体的政策措施相关联。

30. 特朗普当选总统标志着所谓的杰克逊式外交政策的回归，其主要目标是捍卫和保护共和主义美德，最重要的是捍卫和保护自己国家政治共同体的福祉和幸福，而非像自由国际主义那样按照自己的形象塑造世界。因此，"美国优先"外交策略本质上是单边战略，由此引起了联盟体系层面对北约的怀疑，并促使美国总统期望所有国防联盟成员国履行军事开支义务（Clarke-Ricketts，2017）。"特朗普是第二次世界大战后第一位反对自由秩序（基于联盟、开放的全球经济、规则制度的主导地位以及民主和人权的传播）的总统。"布兰德（Brands，2021）提出了类似的观点。尽管美方常有人表示，现实主义者在过去十年中再度影响了美国外交政策思维，但《国家利益》主编罗亚（Roa）表示，情况远非如此（Brands, 2021）。美国的现实主义思想有着数百年的传统，无数实例证明，美国能够正确评估自己的机会和能力，选择正确战术，从而维护国家利益。所有这一切都与国家自我形象紧密相连，民主输出或后来的华盛顿共识皆是如此（Roa, 2023）。然而，在过去十年中，现实主义者未能做到这一点。他们选择性地忽视美国正在与无数的内部经济、制度和政治问题作斗争，也未能正视其相对实力不再足以维持其霸权这一事实。这样一来，美国的现实主义者往往与自由主义外交政策同流合污（Kirschner, 2008; Daalder - Lindsay, 2003：288; Feulner, 1996）。

31. 对"美式和平"（Pax Americana）概念的任何讨论，往往不可避免地引向经典问题："罗马人曾对我们做了什么？"或说，至少许多人喜欢用罗马来与美国类比。罗马和平（Pax Romana）指的是罗马帝国作为霸权国，在长达两百年间，主导国际秩序规则和运作原则的时期。罗马文明的压倒力量也意味着罗马世界的特点是相对和平和经济繁荣。相应地，"美式和平"是指第二次世界大战后的美国霸权，全球化按照华盛顿共识运作，由此带来相对繁荣、自由的国际秩序，包括美国凭借在外交、经济和军事方面的绝对优势，维持着全球力量平衡（Bender, 2003）。关于 Pax Americana 的进一步解释，详见 Brzezinski, 1997; Nye, 1990; Cox, 2005; Ferguson, 2005;

Kennedy,1989。

32. 奈尔（Nair）提请人们注意国际体系的五大变化，每次变化都导致了西方相对力量的削弱，从而对其大国地位构成了挑战。第一，世界历史的解释权已不再是西方叙事的独占领域。非西方世界的叙事现在在学术层面已牢固确立，而非西方历史观也在影响着政治行动和自信。第二，权力平衡被打破，非西方世界已积聚足够的力量来与西方地缘政治压力相抗衡。第三，西方公信力大不如前。近几十年来，它一直致力于推动建立和平倡议，而与此同时，8个"民主"国家已经向124个国家出售了武器，其中74个国家甚至在供应商国家的评估中也不符合"自由和民主"的条件（Hartman-Béraud-Sudreau,2023）。第四，西方的经济权重也大幅下降，非西方世界开始探索货币替代体系。目前美元占全球货币储备的47%，而2001年为73%，这一趋势清晰地表明了这一点。第五，过去被认为是公正标杆的西方新闻和新闻服务也面临信任危机，进一步削弱了西方的文化影响力（Nair,2023）。

33. 昔日霸主罗马帝国的历史对于理解这些过程具有启发性。参照爱德华·吉本（Edward Gibbon）的六卷作品《罗马帝国的衰亡》（*The Decline and Fall of the Roman Empire*，1776—1789），将西方当前的困境与罗马的衰微进行比较虽有些超前，但绝非无稽之谈。希瑟（Heather）和拉普利（Rapley）的文章符合这一思路，其认为罗马帝国在 5 世纪初处于权力鼎盛时期，在当时被西方人视为所知世界中毋庸置疑的霸权，但不到一个世纪这个庞大的帝国就走向崩溃。西方当前状况与之如出一辙：它赢得了第二次世界大战，苏联共产主义制度从来就不是真正的全方位对手；在冷战之后，世界的特点是西方无可争议的主导地位。然而，自 2008 年国际金融危机以来，西方在经济表现和技术方面的优势已浪费殆尽，同时还身陷严重的社会问题，并与其作斗争。希瑟和拉普利再次与罗马帝国进行了比较，强调罗马霸权的终结基本上归咎于罗马帝国本身，原因有二：第一，一直到 5 世纪的黄金时代，罗马还保持着相对稳定，社会只存在些许不平等。第二，它成功地通过谈判和协议，让帝国以外的世界维持现状。通过这种方式，它享有系统安全、经济优势，此外，它还享有现代世界的典型优势，即跨越其领土边界的影响力和文化霸权。直到最近，西方国家还采取了类似的行动。它在华盛顿共识体系内巧妙进行谈判的同时，降低了社会不平等程度，并使西方全球化模式得到广泛接受。然而，由于接受了新自由主义经济政策，不平等再次扩大，技术优势丧失，西方国家不再投入精力确保非西方世界参与华盛顿共识（如世贸组织改革已被推迟数十年），因此西方开始选择切断连接。为了改变现状，希瑟和拉普利首先提出建议，西方应放弃切断连接，避免走向集团化。此外，它应该采取一些本质上是左翼的政策来维持社会平衡，最为关键的是增加和扩大全球最低税。诚然，目前尚不清楚如何实现全球最低税全球化，但如果无法实现这一点，解决剩余的竞争力问题又无从谈起（Heather - Rapley，2023）。

34. 贝莱德首席执行官拉里·芬克（Larry Fink）在2022年春季致公司股东的一封信中写道："乌克兰危机宣告着我们在过去三十年中经历的全球化的终结。"美国对外关系委员会前主席理查德·哈斯（Richard Haass）在《项目辛迪加》上发表文章，宣告世界秩序结束，其标题非常简单："自由世界秩序，永垂不朽。"中华人民共和国国家主席习近平在上海合作组织成员国元首理事会第二十三次会议上的讲话中说："坚定维护以联合国为核心的国际体系和以国际法为基础的国际秩序"（习近平，2023）。至此，波洛的论述已完结。如果所有重要的参与者和大多数分析家都在宣布当前世界秩序的终结，那么它几乎不可能维持下去。（Forbes，2022；Reveel，2018；Ray，2022；Haass，2018；Sauer - Hawkins，2023。）

35. Brzezinski，2012.

36. 虽然这份清单由我自己整理，但并非没有先例。约翰·伊肯伯里曾在其探讨民主未来的著作中提及了不少事件。这本书出版于2020年，因此伊肯伯里未能含纳随后的某些新事件。此外，我们还补充了几个早期事件。这些补充遵循纳西姆·塔勒布（Nassim Taleb）的"黑天鹅"理论，因此我们正在寻找可能对国际进程的发展产生重大影响的意外、不可预测的事件，或者可能产生意外影响的事件（Ikenberry, 2020；Taleb, 2010）。

37. 福鲁哈尔（Foroohar）用新术语"后新自由主义"来描述新自由主义经济组织原则和模型的枯竭，并描述正在出现的新范式（Foroohar, 2022）。

38. 默里（Murray）认为，欧洲最大的问题，也是一个渗透整个西方政治环境的问题，就是自尊的丧失。在西欧，大规模移民在精英阶层中获得强烈广泛支持，因为精英阶层不重视欧洲文化（Murray, 2017）。而这种自尊的丧失，无疑使它们难以在不断变化的国际秩序里日益激烈的竞争中站稳脚跟。

39. 德国教授、基督教民主党政治家安德烈亚斯·罗德尔（Andreas Rödder, 2019）认为，欧洲最大的错误在于它长期以来一直没有自己的战略。在较好的时期，欧洲有像默克尔这样优秀的领导人和危机处理高手，却从未制定出一个能够确保欧洲长期自主权的战略。

40. 诸多著作指出，2020 年是迄今为止全球化发生最大变革的起点。这一转变的决定性因素不仅限于地缘政治变化，还包括经济变化（Ágh, 2023）。一些专家认为主要原因是 2008 年经济危机后，公众对精英阶层的不信任到达顶峰（Menon, 2022），还有些专家则认为是非西方世界反对美国主观解释规范（Walt, 2023）。

41. 在下文中，我们将主要讨论国际秩序受到侵蚀的问题。有人认为，我们也应关注世界秩序中参与者的变化，以及全球权力中心格局的演变。但我们此处采取了不同的概念路径，专注于动态流程而非静态方法。过程逻辑如下：随着单个行为体对秩序规则越发不尊重，新的权力中心应运而生，同时新的权力中心开始建立新的替代机构，这些机构正作为新的行为体登上国际舞台。而在后面的章节中，我们将探讨这些新的行为体与权力中心，如非西方世界的经济实力的崛起和非西方机构合作的新领域，这些现象被普遍视作规避既有规则的一种结果。

42. 融入全球化的世界，却并不接受新自由主义原则，这并非中国经济模式所独有。新加坡和韩国等国的经济融合模式也是基于极为类似的方法（Gewirtz，2017；Di Maio，2015；Santiago，2015；Cui-Jiao-Jiao，2016）。

43. 有关邓小平同志经济政策的更多信息，即出口、外国投资和技术进口驱动的扩张型经济模式（De Lisle-Goldstein，2019）。

44. 1949 年，中华人民共和国成立后，中国台湾在国际货币基金组织和世界银行代表中国，而现今这一代表权已被转移。

45. 有关构成中美关系的复杂战略目标体系的更多信息，请参阅基辛格的著作（Kissinger，2011）。

46. 在接下来的二十年里，中国的出口额年均增长达到 12% 以上，而美国和欧洲的出口增长率不到 4%（世界银行，2022）。当然，经济实力不能直接等同于国际影响力，但前者对后者的推动作用巨大。在这样的格局下，根据国际货币基金组织的计算，按购买力平价计算，至2023 年中国占世界 GDP 的 19%，美国占 15%（国际货币基金组织，2023b）。

47.《时代》杂志前外交政策编辑约书亚·库珀·拉莫（Joshua Cooper Ramo）的一项研究提出后，"北京共识"一词进入西方政治词典。拉莫这一贴切说法表明，中国一直试图以自己的方式、自己的模式融入全球化世界，但从未打算遵守"华盛顿共识"，尽管美国的战略目标是希望中国做到这一点。（Ramo，2004）。

48. 据中国政府估计，政府每年以直接补贴、税收减免、以远低于国际标准的利率发放贷款以及补贴出售建设用地等形式，向中国国内企业提供近 2500 亿美元的国家补贴。值得一提的是，这大约相当于中国 GDP 的 1.7%，而美国的年增长率仅为其国内生产总值的 0.4%，韩国仅为 0.67%（Di Pippo- Mazzocco-Kennedy，2022）。

49. García-Herrero-Ng，2021.

50. Turner，2017.

51. 这里值得注意的是，中国对于西方竞争模式的"重新诠释"并不代表着中国试图获取不正当优势。首先，中国文化并不是特别以竞争为导向，而这种独特性，也可能有助于中国在公共外交以及国际形象塑造方面获得优势。早在 2008 年，马克·雷奥纳德（Mark Leonard）就指出，中国正寻求在其政策制定中制衡美国的价值观：和谐合作而非激烈竞争，推崇和平而非战争，倡导多样性而非推动统一的西方价值观。建立"华盛顿共识"的替代方案（Leonard, 2008）。

52. Low-Salazar, 2011.

53. SIPRI, 2023.

54. Janardhan, 2020.

55. IMF, 2023.

56. Datt-Mahajan, 2009.

57. Adhia, 2015.

58. 1999 年北约对塞尔维亚的轰炸就是一个明显的例子。当时没有任何联合国安理会的授权决议，但美国及其欧洲盟友仍辩解称，他们的介入是为了避免种族灭绝，将此举定义为人道主义干预（Latawski-Smith, 2003）。2003 年对伊拉克的入侵也沿用了同样的逻辑。同样在没有联合国安理会任何决议授权的情况下，美国领导的联盟再次为其军事干预进行合法性辩护，称伊拉克未遵守安全理事会第 1441 号决议，不允许联合国观察员检查其潜在大规模杀伤性武器。2011 年北约对利比亚的干预也引起了质疑。联合国安全理事会第 1973 号决议规定，应建立禁飞区，并要求采取一切措施保护平民。然而，一些权威专家（Haass, 2011）表示，此干预超出了最初授权范围。2011 年后，美国插手叙利亚内战，2015 年后，法国、英国和其他西方国家也开始插手。这些行动的法律依据是联合国安理会第 2249 号决议，该决议敦促国际社会对"伊斯兰国"采取行动，但安理会没有授权单独的军事干预决议。

59. 自 2019 年 12 月以来，美国一直插手阻挠世贸组织上诉机构法官的任命，导致该机构陷入停滞状态。特朗普政府以需要进行全面的世贸组织改革为由，阻挠法官的任命。随后拜登政府也一直坚持这一立场，2023年 2 月，比利时表态，明确支持美国的立场（WTO，2023a）。而在 2022 年 12 月，百余位世贸组织成员呼吁美国停止阻挠法官任命的行为。

60. 自 20 世纪 80 年代中期以来，美国国务院一直在审查在联合国大会中与美国保持一致投票国家的比例。最新的此类报告表明，在过去三十年中，没有一年有超过半数的国家与美国在投票上保持一致（DOS，2022）。近年来的统计分析（Ferdinand, 2014; Binder-Payton, 2022）表明，金砖国家在联合国大会的投票凝聚力日益增强，且它们越发倾向于与 G7 国家立场相反。

61. 大多数干预措施注定要失败的原因主要在于，西方国家不会在预算成本较高的情况下进行军事干预，而能够维持较低干预成本的国家通常又不具备民主化的适当条件（Downes-Monten, 2013）。因此，此类军事干预措施通常不是很成功。安德鲁·J. 恩特莱因（Andrew J. Enterline）的广泛研究表明，1800 年至 1994 年期间，63% 的干预措施未能实现其目标（Enterline-Greig, 2008）。

62. Mearsheimer, 2022。另见 Desch, 2007; Hend-rickson, 2018；Risen, 2006；Risen, 2014；Priest-Arkin, 2011；

Savage，2017。

63. 十多年前，布热津斯基勾勒出一个貌似合理的场景：美国将因自身的内部问题而失去霸权地位。然而，他也指出华盛顿共识体系不会被新的世界秩序所取代，相反，我们必须准备好面临无政府状态，因为没有一个大国有能力成为霸主，他们既不具备实力，也不具备国际合法性。因此，国际秩序混乱将以大国之间的持续对抗为特征。当然，布热津斯基受美国财政部乐观主义熏陶，只视此场景为最糟情况。美国国际战略研究中心（CSIS）专家指出，美国最好不仅要关注其他强国，还要努力与中等强国和地区强国建立密切关系（Blanchette-Johnstone，2023）。

64. 在《匈牙利战略之道》第二章第三节中，我们详细描述了自由主义的内部矛盾，因此在下文中，我们将仅简要提及这些结论，并部分地加以引用。

65. 霍姆斯·克拉斯特（Holmes-Krastev）表示，在中东欧地区的东欧集团崩溃后的三十年里，自由主义以失败告终。这次失败的原因似乎显而易见。首先，在民主过渡期间，人们期望该地区国家照搬西方民主体制，却基本忽略了其自身独特民族特征。因此，西方基本上没有为中欧和东欧民主的发展留下空间。其次，西方的经济组织原则（新自由主义）失败了，尤其是在2008年金融危机之后，并没有按照预期提高该地区生活水平。再次，虽然理论上他们是西方制度秩序的正式成员，但实际上，西方将中欧和东欧国家人民视为二等公民。最后，自由主义与该地区国家的社会自我形象并不匹配，因为该地区大多数人反对个人主义，奉行更加社群主义的原则（Holmes-Krastev，2019）。

66. 西方世界对自身价值信心不足，在西方思想史上是一个古老的命题。从某种意义上说，早在柏拉图的《智者篇》中就初现端倪，柏拉图认为，从原子论（物质主义、物理主义）哲学的角度来看，美德是不可能存在的。就我们目前的议题而言，柏拉图的思想中值得借鉴的一个原则是，即使在古代，纯粹的唯物主义方法也显然必然会导致道德相对主义。黑格尔（G. W. F. Hegel）对其中原因进行了最彻底的论证，他指出，当物理学家涉足价值领域时，他们往往无法看到价值全貌，过于抽象地对待价值，并在此过程中绝对化特定方面，从而在价值的基础上制造出了内部矛盾（Hegel，1979b）。那些谈论西方价值观侵蚀的人都以不同形式引用了这一论点。然而，福山并不是从此处采纳这条特殊思想史线索的，而是十分明了地从尼采那里接过，正如他的著作标题表明：《历史的终结及最后之人》，该标题极具说服力，因为"历史的终结"一词指出了福山思想中的黑格尔元素，而"最后之人"指的是尼采，后者经常站在黑格尔的对立面，因此我们注意到此处呈现出一种奇怪的综合体。尽管如此，这种"综合体"并非不合理。尼采在他的著作《查拉图斯特拉如是说》（*Also Sprach Zarathustra*）中使用了"最后之人"一词，指的是一个虚无主义的个体，他不确定自己的价值，来到了历史的尽头（尼采，2006）。有趣的是，这个主题在黑格尔的《精神现象学》（*Die Phänomenologie des Geistes*）中也有所探讨。在这方面，需要明白的是，黑格尔的哲学体系中有一些意识内容体现在历史发展中，其中包括"最后之人"的主题，这主要体现在古希腊的喜剧作品中。黑格尔写道，希腊喜剧的主角不得不面对这样一个事实，即他独自留在舞台上，被众神抛弃（从而成为物理主义者），因为在黑格尔看来，众神皆已死亡。在他看来，这表明希腊文化已经达到顶峰，并在这一过程中逐渐变得空虚。"最后之人"之外的另一个重要的主题是众神的抛弃，这在尼采那里也能找到呼应，他的著名论断"上帝已死，是我们杀了他"，摘自他的著作《快乐的科学》（*The Gay Science*，1974）（原著：*Die fröhliche Wissenschaft*）。同样重要的是要注意，与普遍看法相反，尼采并没有将这句话作为幸灾乐祸或是庆祝，而是作为一种警告：西方文明的物理主义和科学倾向终将导致虚无主义。福山选择尼采作为主题是否是因为他对物理主义的批判。无论如何，如果我们把这些思想史上的重要人物放在一起，他们的结论基本上指向同一个方向：当一个文明达到顶峰时，它通常不是被外部敌人推翻，而是被内部的不确定性推翻。我们还了解到这种不确定性的本质，即它与唯物主义（或如今流行的物理主义思想）的传播同时出现，因为物理主义的世界观破坏了文明赖以建立的价值观。虽然福山没有探讨物理主义和虚无主义之间的联系，但他在作品结尾对这种虚无提出了警告（Fukuyama，1992）。米尔斯海默在其著作《大幻觉》（*The Great Delusion*）中概述了该过程的一种展开方式：为传播自由主义价值观而发起的战争中，结果却导致这些价值观在推广它们的国家中被部分践踏。因为为了压制反对战争的声音，政府甚至会使用与自由主义原则相悖的方法（Mearsheimer，2022）。我们要补充的是，在这个过程中，违反规则不仅是对这些价值产生了负面冲击，违反规则的方式更是指明了自由主义价值根基不稳，因为自由主义内部矛盾存在导致了其更为强力的执行，反而导致了自我毁灭。正如黑格尔所描述的那样，将普遍性绝对化，支撑特殊性的价值观就会岌岌可危。这并非仅是过去哲学家夸大的危言耸听；当代哲学家托马斯·内格尔（Thomas Nagel）的观察也很好地证明了这一点，他指出那些不信奉物理主义原则的人如今被认为在政治上是不正确的（Nagel，2012），另一位当代哲学家沙伦·斯切特（Sharon Street），在达尔文进化论（一种物理主义理论）如何削弱所有的价值现实主义中也呈现了这一点（Street，2006）。值得注意的是，这不是斯切特对进化论的批评，而是反对价值现实主义的论点。

67. 此外，博肯福德（Böckenförde）表示，现代国家的运作不仅仅是传统的，而且受到宗教价值观滋养

（Böckenförde，1976）。

68. 尤尔根·哈贝马斯（Jürgen Habermas）为这一困境提供了一种所谓"宪政爱国主义"的解决方案。其本质是对国家机构的忠诚，以及在更高的抽象层面上对法治机构的忠诚，可以取代宗教和民族价值观。以色列哲学家约拉姆·哈桑尼（Yoram Hazony）指出，这种价值中立本身就是一种价值主张，此外，这种机械式形成的自由主义价值观，往往无法创建一个正常运作的社区（Honneth-Joas，1991；Hazony，2018）。

69. 没有广泛的中产阶级，就无法建立运作良好的国家和民主，这句公理并非首次提到，甚至可以在亚里士多德那里找到："这个阶层的公民在各国具备最大的安全性；因为他们自己不像穷人那样觊觎别人的财富，其他阶级也不像穷人贪图富人的财富那样贪图中产阶级的财富；因为他们既不遭人谋划，也不谋划别人，他们的生活没有危险。正因为如此，福西尼德（Phocylides）虔诚地祈祷："在许多事情上，中间是最好的，愿我有一个中间的位置。"

70. 金融策略师鲁奇尔·夏尔马（Ruchir Sharma）认为，如果社会不平等不阻碍增长，国家经济就能实现可持续增长。由于不平等现象，国家倾向于引入广泛的再分配机制和援助体系，但这并不能刺激增长，反而会使公共财政失去平衡。国家也将因此无法应对哪怕最小的国际金融起伏，并甚至导致国家经济陷入长期衰退（Sharma，2017）。

71. "仁慈霸权"一词由罗伯特·卡根于20世纪90年代提出。该术语表明，美国在世界政治上的主导作用对整个世界是有益且积极的（Kagan，1998）。

第二节 阵营对抗的风险

我从未见过我们当中有谁不希望生活在自由中。

拜特伦·加博尔（Gábor Bethlen）

自 1990 年以来形成的世界秩序以及全球化模式正面临危机。无论我们如何归纳分析当前危机的原因及症状，眼前的危机都已是不争的事实。这一认识引发了西方国家的政治不稳定，同时也加强了东方对西方世界的挑战。无论是批评旧世界秩序和全球化模式的人，还是曾经的支持者，都不得不承认世界局势已发生剧变。因此，西方国家的主要理论家和政治家也在期待新的全球化模式、新的国际体系的诞生，并正积极构建相应的框架。

目前，这一新框架尚未形成。截至 2023 年本书写作时日，这种转变仍在持续[1]，因此我们无法准确描述未来几十年我们将面临的世界秩序。不过，从理论上讲，我们已能勾画出几种可能的未来情景。[2] 基于我们现有的知识和已经显现的迹象，我们可以列举这些情景，进行评估，并尝试预测哪种结果更可能出现。

显而易见，迄今为止由西方文明主导的全球发展模式已难以为继。未来的世界将更加碎片化，而西方模式的吸引力也将逐渐减弱，西方的挑战者也将开始更加大胆和独立地维护自身利益。[3]毕竟，挑战者众多。除了众所周知的中美竞争外，我们还必须应对发达世界（全球北方），与不发达世界（全球南方）之间的矛盾。[4]伊恩·布雷默（Ian Bremmer）将这些过程统称为"地缘政治衰退"。[5]

总之，有两点毋庸置疑：全球经济中心正在向东方转移，中国在国际政治上的重要性将与日俱增。[6]同时，美国仍将是全球秩序中的关键力量。其他一些趋势虽尚未确定，但极有可能继续发展。比如发展中国家中产阶级的增长，以及由于人口原因，西方国家中产阶级的相对衰落。[7]这对我们的分析至关重要，因为中产阶级是任何社会中最具政治意识的主体，其政府需要站出来，在国际舞台上代表他们的利益。此外，我们预计气候变化将持续发生，带来各种相关现象，如人口迁移等。同时，为缓解气候变化的影响所进行的技术创新，将为各国带来前所未有的挑战。[8]

唯一的问题在于，哪一种模型能为这些新挑战提供最佳解决方案？根据相关文献，主要有以下五种可能的发展情况。

一　霸权主导的单极世界

在第一种情况中，21 世纪 10 年代和 21 世纪 20 年代的困难将是暂时的，而由美国领导的西方仍将保持其霸权地位。[9] 当然，这并不表示西方能够在与新兴强国的竞争中保持 20 世纪 90 年代那样的"竞争优势"。美国可能保持霸权地位的部分原因在于该国的军事优势。值得一提的是，美国的国防开支仍然超过了紧随其后的九个国家的总和，这些国家分别是中国、印度、英国、俄罗斯、法国、德国、沙特阿拉伯、日本及韩国。[10] 在此情况下，美国将继续担任全球领导者的角色。[11] 这将在一定程度上维持现行的基于规则的国际秩序。在这种背景下，美国将采取脱钩策略，努力减少对其他国家在政治、经济、商业及军事方面的依赖。[12]

二 新霸权主导的单极世界

在第二种情况，我们设想的是一个单极的世界秩序，但区别于以往，这一次的领导者不是美国。这更多的是一种理论上的可能性，在中期内不太可能实现，原因如下：[13] 包括军事力量在内的一些关键领域，其他国家仍明显落后于美国。其他政府似乎也并没有制定任何夺取全球治理权的宏大计划，例如通过使用自己的货币来替代以美元为基础的金融体系，或进行国际组织的改革。[14] 近年来，中国的外交政策在东南亚这一关键地区已变得更加坚定和自信，但这并不意味着中国有意成为全球霸主。相反，中国正在积极定位自己为发展中世界利益的捍卫者。[15] 同时，中国正参与一些似乎旨在增强其大国地位的项目。其中最著名的当数"一带一路"倡议（The BRI），该倡议通过金融、贸易、人文及政治协作，尤其是通过大型基础设施项目，增强了中国政府的影响力。此外，需要指出的是，"一带一路"倡议本质上是一个涵盖广泛的项目，且国家对其监管较为宽松。

三 两极格局

第三种情况是形成一个新的世界秩序，这一秩序主要由两个大国之间日益加剧的竞争关系决定。[16]基于新冷战理论，两种截然不同的世界观、意识形态和国家组织模式将展开激烈的对抗。[17]一些分析家根据历史相似性得出结论，认为两个超级大国之间的对抗几乎不可避免。[18]本质上，这将导致两大集团及其联盟体系的形成。若迄今为止这个相对全球化的经济体系崩溃，并被两套不同的贸易规则、两种主导货币、两个全球网络和两种地缘政治战略所取代，将导致巨大的分裂。[19]鉴于当今全球化经济中错综复杂的相互联系和供应链的延伸，大多数专家认为，在当今世界形成类似冷战时期的封闭经济集团是不可能的。[20]只有在具有战略意义的关键技术领域，如人工智能、国防创新、太空研究、电信和微芯片生产中，才可能出现这种封闭和完全分离的局面。在这种局势下，世界上的其他国家要么积极要么默认地加入某个集团，或是像冷战期间的"不结盟运动"那样，寻求独立自主的道路。在一个僵化的两极体系中，经济、政治和文化的转移将通过两大集团的领导国家进行，这将使较小的国家在竞争上处于不利地位。

四 多极化

在第四种情况中，没有任何单一超级大国或一对超级大国具备足够的实力来主宰国际体系。[21] 在这样一个多极世界秩序中，除了大国以外，中等国家和地区强国也起着关键作用。[22] 在这种情形下，全球化趋势将转向区域化，可能形成地区性势力圈。[23] 然而，这也可能加剧地缘政治的分裂并增加地区军事冲突。[24] 需要注意的是，多极化的定义本身也受到文化的影响，例如，在俄罗斯和中国的政治语境中，这一概念呈现出截然不同的形态。[25]

据相关文献，中国、美国、欧盟、俄罗斯、巴西或印度各自有潜力形成独立的势力极点。此外，日本、伊朗、南非和土耳其通常也被列为重要的中等国家。[26] 然而，关于欧盟是否具备作为一个独立主权国家所需的功能，比如拥有独立的军队和战略自主权，目前仍存在很多疑问。[27]

五 无政府的国际秩序

在第五个也是最后一个主要情况中，国际秩序正走向混乱。[28]

这种情况的发生可能性相对较低，因其不利于任何国家或机构，所以各方都试图避免这种情况。在这种托马斯·霍布斯描述的无政府状态下，没有

图 1-5 摘自卡斯帕·大卫·弗里德里希的画作《云海中的旅行者》
资料来源：盖蒂图片社
注：根据这幅画的普遍解释，它不仅体现了浪漫主义的纲领性愿景，同时也提醒我们，理性和可预测的世界需要超越非理性和不可预测的混乱，尽管非理性因素仍有可能随时再次兴起并吞噬我们。

任何国家或联盟能够在国际舞台上维持秩序或强制实施自己的意志。多边机构，如联合国，在强国退场后，也无法填补这一权力真空。这将使全球政治局势变得极其难以预测。[29]

这就是我们要面对的五种可能性。最终哪种情况会发生？除了必然性之外，偶然性也发挥重要作用。多重宇宙理论近来在流行文化中大受欢迎，宇宙的存在不止一个，实际上有无穷无尽的宇宙并存。由于宇宙的数量无限，理论上万事皆有可能。比如，在某个宇宙中，蜘蛛侠是彼得·帕克；而在另一宇宙，蜘蛛侠则是迈尔斯·莫拉莱斯。幸好，我们的任务较为简单。我们无须评估无尽的宇宙，只需仔细分析这五种情景，便能探索未来可能呈现的世界秩序。未来将会顺畅有序且可以预测，还是随机无常且不可捉摸？下一部分我们一起一探究竟。

注释

1. Grinin-Ilyin-Andreev, 2016；Menon, 2022.

2. 以美国霸权为基础的世界秩序正处于危机之中，世界秩序的未来存在巨大的不确定性。最重要的任务是制定新的游戏规则，从而将过渡时期大国冲突的风险降至最低。要做到这一点，就不能以西方为中心，而需要建立一个更加平衡的体系，将多种利益和观点融为一体。在制定游戏规则时，还必须考虑到与"华盛顿共识"不同，大国之间几乎没有共同利益，在价值观上也几乎没有共同点（Walt，2022）。世界新秩序的游戏规则必须围绕四个主要方面展开。第一，避免违禁行为，即一切违反《联合国宪章》的行为。第二，优先处理有可能达成妥协的问题。第三，包括大国能够在其主权基础上解决的相当广泛的国际事务。第四，大国试图在多边基础上解决的国际事务范围非常狭窄。

3. Kaplan，2018；Keohane‐Grant，2005；Katzenstein‐Keohane，2007.

4. Rodrik-Walt，2022.

5. Bremmer，2023.

6. 鉴于中俄关系不断深化，似乎正在形成一个反西方的中俄联盟。然而，他认为这种定性在很大程度上是对实际发展形势的错误评估。中国正试图通过多种手段破坏以美国为代表的单极世界秩序，但它试图通过多边外交工具、在共同利益的基础上建立松散的联盟、接纳被西方"排斥"的国家，同时对任何可能的武装冲突保持警惕（Tseng，2023）。

7. UN，2022 年.

8. IEA，2021；Sachs，2020.

9. 相对而言，很少有西方专家仍然相信单极世界秩序会继续下去。弗里德曼（Friedman，2022）或布鲁克斯和沃尔斯（Wohlforth，2023）的主要论点是，尽管冷战结束后美国的实力相对而言确实有所下降，但美国实力的绝对值仍远远超过其他任何可能形成极点的超级大国。伊肯伯里主张美国主导的世界秩序应继续存在，卡根和夏尔马也可被视为赞同这一立场。还有一种观点支持美国的领导作用，认为美国是国际安全的保障，参见（Wright，2020）。

10. SIPRI，2022.

11. Finnemore，2013.

12. 这一问题在鲍恩（Bown）和欧文（Irwin）2019年共同发表的文章中也有论述。

13. 中国目前似乎渴望建立一个多极世界秩序，其要素之一是转变"华盛顿共识"的制度和规范体系，并在适度、深思熟虑的程度上建立替代性制度。在中国人看来，国际秩序的转变必须以和平方式进行（Weng Ai，2023）。例如，中国正试图通过"一带一路"倡议和旨在联合中东欧国家的"中国—中东欧国家合作"（Horvath，2022）来加强与友好国家（至少不是敌对国家）的关系。

14. Jisi，2011.

15. Rolland，2020.

16. 国际秩序是两极的，尽管欧洲舆论界的精英们有这样的看法，但国际秩序绝不是多极的（尽管与某些美国人的看法相反，国际秩序也不再是单极的）。多极化并不能描述国际秩序的真实状况，而主要是一个政治概念。

多极化符合西方的利益，因为如果他们能够说服非西方世界相信多极化的存在，就有可能把新兴国家拉到谈判桌上来——当然是在西方的条件下，从而维护西方的主导地位。总体而言，多极化论调只是美国、欧洲和东方盟国领导人对以下事实的恐慌反应。

17. Bradford, 2022.

18. 除布拉德福德外，库普乾（Kupchan，2022）、贝克沃尔德（Bekkevold，2022）、米尔斯海默（Mearsheimer，2021）、本·阿里（Ben Ari，2013）和布兰兹、加迪斯（Brands - Gaddis，2021）也认为目前的世界秩序是两极的。扎卡里亚没有明确指出一个或多个挑战者，也没有看到美国地位的影响力和力量正在消失。因此，华盛顿仍应被视为决定性的主导者。不过，在他看来，美国不再拥有单极时代所拥有的单边权力（Zakaria，2019）。

19. 外交政策规划和决策的基本工具是研究历史类比。然而，维诺库尔（Winokur）指出，近几十年来，美国外交政策决策者完全依赖冷战时期作为参照系。通过冷战的视角来解读冲突，这意味着国际关系中的一切都是黑白分明的，每个行为体要么是朋友，要么是敌人。同样的模式化方法也是外交谈判的特点。与苏联谈判缓和关系或尼克松的中美关系缓和等事件是其他国家日常外交活动中不可或缺的一部分，但对美国人来说，每笔交易都是存在的，从美国利益的角度来看，协议只能是极好的或灾难性的坏协议。因此，美国人了解历史类比的作用，但他们拒绝处理 1945 年以前的历史，这导致他们对局势的评估产生误导。(Georgieva, 2022)。

20. 弗格森（Ferguson）认为，我们现在最大的希望是两极世界秩序的回归。但同时，他也认为冷战式的集团最终会形成是理所当然的。根据这位英国历史学家的说法，这样做的经济成本将会很高，因为全球经济正在分崩离析。然而，这种结果的好处是减少了大国冲突的机会。冷战的运作逻辑表明，大规模武装冲突和重大战争原则上是可以避免的。从人类付出的总体代价来看，冷战局势比多极世界秩序对人类更有利，后者爆发第三次世界大战的概率要高得多（Ferguson, 2023）。

21. 一方面，由于政治决策而形成经济集团是一种现实的可能性，而且大多数迹象都表明这将成为世界经济的新模式。另一方面，也有可能形成一个国家集团，这些国家集团通过政治联盟的纽带与一个集团联系在一起，但由于地缘政治的原因，它们继续从对立集团进口生产链的要素等（Prakash, 2023）。在一个以集团为基础的世界经济中，高达 17% 的商品和服务贸易可能是通过这种"完全不承诺的 55 国家"进行的（Shearing, 2023）。

22. Zakaria, 2019.

23. Haass 和 Kupchan（2021）、Posen（2012）、Virmani（2005）和 Layne（1993）一些学者支持多极世界秩序的发展，并认为多极世界秩序实际上是在 21 世纪头十年形成 的（Kupchan, 2021；Posen, 2012；Virmani, 2005；

Layne，1993）。

24. Dodds，2023.

25. Culbreath，2023.

26. Stuenkel，2016.

27. 欧洲联盟面临着一系列问题，这些问题明显削弱了其国际影响力。其中一个问题就是欧盟在国际经济竞争中日益落后。1990 年，欧盟占全球经济产出的 23%，但到了 2022 年，欧盟仅占 15%。在此期间，世界经济几乎增长了两倍，而欧盟的经济甚至没有增长一倍。同时，欧盟在全球生产链中越来越缺乏竞争力（Gacíal - Henero-Turégano, 2020）。欧盟还面临着领导力危机。欧洲一体化的历史从根本上讲就是联邦主义—体制领导力与民族国家领导力之间的微妙平衡（Moravcsik, 2012; Lindseth, 2014; Von Bogdandy - Schill, 2010）。相反，欧盟机构希望按照官僚逻辑开展政治活动，而民族国家则可以发挥政治领导作用（Van Middelaar, 2014; Cliquennois, 2020）。总体而言，欧洲最大的问题是缺乏独立的战略思维。这正是法国总统马克龙在索邦大学演讲中谈到"欧洲主权"，而德国总理默克尔谈到"战略主权"时所提到的。当然，德国和法国的概念是不同的：前者更倾向于欧洲联邦化（Lippert et al., 2019），而后者则更多地依赖于成员国，更确切地说，是法德轴心（Gomart - Hecker, 2023）。作为目标的战略主权似乎离欧洲越来越远。蒂尔尼（Tierney, 2023; Shearing, 2023）认为，为了实施战略主权计划，欧洲有足够的政治弹药来对抗。美国的根本利益在于稳定当前的国际秩序。欧洲的基本目标是与中国建立经济合作伙伴关系。美国可以实现一个重要目标，那就是它在欧洲防务上的支出将大大减少，因为欧洲国家武装力量的发展将使北约在欧洲拥有足够的军事力量。然而，美国政府必须继续确保自己仍是欧洲的亲密盟友，这意味着它必须使自己的地缘政治目标与欧洲保持一致，这反过来又意味着美国的外交政策将减少对抗性。因此，欧洲的战略主权是稳定国际秩序的关键。

28. 我们目前生活在一个全球秩序时期，它将被一个全球无序时期所取代。在这个新秩序中，美国将主动放弃其霸权角色。在过去的十年中，美国已经实现了全面的能源安全，部分是通过其国内资源，部分是通过可靠的加拿大进口。此外，从人口角度来看，美国比任何潜在的大国对手都处于更有利的地位。因此，它不会利用其军事、经济和外交力量来维护更广泛的全球秩序，而只会保护自己的利益。从经济角度看，这样做的后果是世界经济的增长潜力将大大降低；从地缘政治角度看，我们必须准备迎接一个自救的时代（Zeihan, 2022）。

29. Haass，2017。

第三节　西方似乎要建立一个
阵营化的世界

一旦进入热情好客的世界，便会再次寻觅。

克鲁迪·玖洛（Gyula Krúdy）

我们已经详细讨论了 1990 年以后世界秩序中最重要的行为体——美国及其扮演的决定性、霸权角色。该探讨不仅聚焦于美国所奉行的自由贸易理念、深度挖掘其哲学基础下对人类状况的构想，还分析了美国如何致力于将世界西方化，以及它如何根据自身利益，或至少是长远目标，来塑造国际合作规则与制度。这些要素极有可能成为全球秩序演变的风向标。因此，若要洞察世界秩序的未来走向，那么就必须探究这些要素。

倘若美国能够持续保持其霸权地位，那么未来几十年的世界秩序极有可能会延续 1990 年之后的格局，因为美国的领导层可能会发现，当前体系仍基本符合其利益。但即使在这种情况下，也不能排除人们对自由贸易的看法以及自由贸易制度的运作方式可能迎来变革浪潮。若美国意在维持其霸权地位，并加强对全球商业和政治关系的掌控，以遏制其挑战者的崛起，那么这种变革走向将更为显著。

如果霸权角色转移到另一个大国，情况将截然不同。

而在此情境之下，继续坚守西方模式这一愿景将难以实现。当下问题在于现有机构是否会继续存在，或者是否会有替代性机构崛起，这一可能性不容忽视。同时自由贸易的前景同样令人担忧。若新霸主继续沿用这一策略，那么视新霸主为竞争对手的国家，将采取市场保护机制作为回应。

相反，倘若我们目睹两极世界格局浮现，其中并无任一权力中心能显著主导其对手，那么全球局势又将发生翻天覆地的变化。在这样一个世界里，就像冷战时期一样，两个权力中心将不可避免地展开竞争。如果发生这种情况，西方价值观的全球传播在逻辑上将行不通，而我们所熟知的自由贸易形式也将不复存在。正如20世纪下半叶历史所展示，两个权力中心更有可能各自凝聚其盟友，密切控制其商业和政治关系。在制度方面，这种格局最有可能催生出平行的制度结构，因此可以预见，根源于西方的现有制度重要性将逐渐下降。

最难以预测的两种未来走向，无非是多极世界秩序以及无政府状态。可以想象，在这两种情况下，既有制度与规则虽得以维系，一个能够容纳多个行为体相互交流的框架也可能存在，但不再存在单一明确的霸权国家或多个竞争中心。同样，也可想象到自由贸易的脉搏仍在跳动，不同权力节点之间的联系也依旧存在。与此同时，这两种情况也可能导致更大程度的分裂。

这些分析明确揭示了未来世界秩序最关键议题：全球化、自由贸易和根源于西方的机构之间的协同性是否得以维系，抑或是涌现出新的交流平台，又或是形成新的意识形态铁幕，这意味着各国被迫基于政治制度选择其合作伙伴。倘若独立制度体系与新的意识形态铁幕形成，自由贸易受到意识形态的桎梏，那么未来的国际秩序将以地缘政治集团为特征。然而，时至 2023 年，我们尚无法定论这是否就是即将面临的未来。尽管如此，上述种种场景，无疑都显现着阵营化的趋势。在下文中，我们将论证已经出现了阵营化的种种迹象。[1]

我们需要明确阵营化的概念。基于阵营化的世界秩序逻辑在许多方面与冷战时期有着诸多相似之处。[2] 阵营的形成通过一种或主动接受的或强加的政治形态约束力所维系，所有相关的政治、经济和文化关系只有在领导阵营的大国批准下才得以维系。在最新的风险分析中，世界经济论坛（WEF）将地缘政治集团的整合称为最大的地缘政治威胁。[3]

在本小节的分析中，还有一个与集团形成相关的概念要加以澄清，即"脱钩"或最近热议的"去风险"概念。"脱钩"描述了西方主要行为体为抵消当前世界秩序的负面影响所采取的行动。正如我们接下来将讨论的，脱钩或去风险也是走向阵营形成过程中的关键环节。[4] 脱钩，或称分离，首先在战略技术部门显现，随后波及全球经济的各个领域，最终导致政治和文化关系的彻底断裂。美国财政部长珍妮特·耶伦（Janet Yellen）在谈及"友岸外包"（战略部门的全球生产链破裂，迁往与美国结盟的国家）时，也描述了相同的现象。[5] 2023 年 5 月在广岛举行的七国集团峰会上，该组织历史上首次通过了关于世界经济安全的单独声明，强调战略工业的生产链必须与"可靠的伙伴国家"紧密联系。[6]

鉴于当前发展态势，我们已可以预见，阵营化是全球化的一种新模式，旨在修正美国霸权、自由贸易和西方制度旧模式的异常。在这种模式下，货物和信息的流动受到更为严格的监管，因为其基于阵营逻辑运作。尽管世界的互联性仍然存在，但建立联系的"权力"只掌握在最强的参与者，即集团领导人和最具影响力的国家手中。[7]

当然，上述描述只是一个粗略的假设。关键在于以与匈牙利战略相关的视角来阐述阵营形成的过程。尽管已有实例表明其已悄然启动，但还无法"确凿无疑"证实该过程已经开始。我们发现了五个关键证据作为支撑：

1. 昔日的全球主义拥护者不再热衷于探讨联结，转而聚焦于分离，而作为西方的头号强国，美国自上一个十年中期起，就采取一系列实质性措施以严密控制其盟友，引导盟友加入美国阵营。这些具体举措为阵营形成提供进一步证据。

2. 美国通过经济政策和外交努力，说服美国盟友削弱与第三方的经济联系。

3. 美国重新诠释其国际角色，即美国不再将自身定位为全球霸权超级大国，而是与专制国家抗衡的民主集团的领导者。

4. 在此背景下，美国针对其制裁制度的制定、应用和控制。

5.最后，西方军事联盟系统的整合已经吹响号角。

在下一部分，我们将探究这些证据。

一 越来越不合时宜的想法：最大可能的全球互联互通

关于阵营形成最有力的证据为，西方理论家和政治家已经开始对全球化的早期模式另眼相看，他们早期对其充分利用，获益颇多，现在却视其为风险。态度转变的部分原因可能是全球化未能如预期那样传播西方模式。西方政治制度和政府形式可以依靠经济互联互通来传播，这一观点越来越站不住脚。正如我们已经指出的那样，非西方国家与西方机构建立自由贸易体系接轨的同时，成功保持了自身政治制度不发生变化，从而获得竞争优势。

该转变的另一个原因是，全球化和相互依赖的国际体系所产生的冲突现已成为不争的事实，即使是其最忠实的拥护者美国，也无法否认。[8]因此，相互依存的关系不再被视为双赢局面，反而是一种威胁。[9]美国做出了一个战略决策，即应对冲突就必须削弱两极之间的相互依存关系，换言之，这位迄今为止全球化进程的最大赢家，已经开始有意识地限制并削弱某些领域的全球化进程。这种削减不仅限于某一特定领域，而是广泛存在于多个领域。

第一个领域是经济。制裁、消费者抵制、设置使外国竞争对手处于劣势的补贴、操纵汇率，甚至国家对资本市场的干预都可以被视为削减的手段。[10] 这些都凸显出国家作用日益增强，与过去国家作用被尽量限制的时代形成鲜明对比。[11] 各国似乎正在放弃相互依赖带来的利益，因为认为其带来的风险更为突出。[12]

第二个领域体现在国际机构的评估中。原本开放、多边、全球性的组织将失去主导地位，并将面临一系列以封闭、俱乐部式运作为特征的机构形式的新挑战者。[13] 这些"小多边"集团，包括金砖国家（BRICS）、上海合作组织（SCO）、跨太平洋伙伴关系（TPP）以及跨大西洋贸易与投资伙伴关系协定（TTIP），可视为"封闭式全球化"的生动例证。[14] 制度层面的转变还涵盖了国际法作用的转变：过去，国际法律框架以缓和冲突为目的，但当下，冲突恰恰是在这一框架的基础上产生的。

第三个领域是基础设施建设，国际体系中的部分国家开始转变视角，不再拘泥于互联互通的视角，而是从国家影响力角度出发进行考量，即国家如何利用基础设施来保持并扩大其在特定领域的影响力。[15] 在此背景下，我们看到所有大型经济体都纷纷寻求降低依赖性，改写旧规则。因此，美国正积极寻求降低其能源风险，[16] 中国希望将经济增长重点转向以强劲的国内消费市场，[17] 俄罗斯则希望在亚洲纵深地区建设输油管道，旨在推动其能源出口多样化。[18] 这一切行动与 1990 年后的全球化方向以及"经济开放"的理念背道而驰。尽管如此，这种叙事转变并不意味着各个行为体行动方向截然不同，尽管确有迹象表明这一点。

二 为阵营形成服务的"软"经济外交工具

除了意识形态的转变，近年来西方世界采取的一些实质性举措表明，它选择了阵营化道路。过去八到十年中，美国外交政策的诸多要素彰显出美国渴望在自己领导下的阵营内，更紧密地管控其盟友。

最温和的策略即为外交施压。美国通过外交渠道，鼓励其盟友减少与中国的经济联系，转而加强与美国的贸易往来。美国经常试图在七国集团或四

图1-6 2016年2月26日，在跨大西洋贸易和投资伙伴关系第十二轮谈判结束后，欧盟首席谈判代表伊格纳西奥·加西亚·贝尔塞罗（Ignacio Garcia Bercero）和他的美国同行丹·穆兰尼（Dan Mullaney）在布鲁塞尔欧盟委员总部举行的新闻发布会

资料来源：盖蒂图片社

方安全对话（the Quad）等多边论坛上对其盟国进行外交施压，前者卓有成效，而后者则收获甚少。[19]此外，经济激励措施也是美国采用的一种温和手段。美国通过向其盟友提供经济激励，如重新谈判贸易协定，建立经济集团，以鼓励他们减少与部分国家的贸易往来。在美国退出跨太平洋伙伴关系协定（TPP）之后，该组织曾被视为对抗东亚地区经济影响力的工具。[20]印太经济框架（IPEF）与跨大西洋贸易和投资伙伴关系协定（TTIP）也发挥了类似的作用。但由于一些争议性问题，该协议的谈判于2016年中

断。[21] 2021 年以来，美国加入了与欧盟联合成立的贸易和技术委员会（TTC），并试图对其欧洲盟友施加更大压力，促使它们加入出口管制的行列。[22]

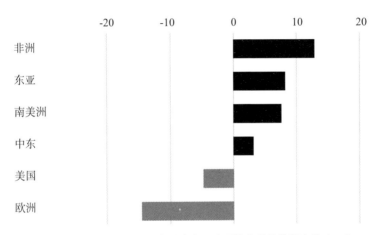

图 1-7　2018 年至 2023 年上半年，中国海外投资份额变化（％）

资料来源：华尔街日报，2023

注：中国反应迅速地调整了其投资目标地区优先级，欧洲成为最大输家。

三 "硬"手段：制裁制度

然而，美国放弃使用温和手段这一转变表明，其愿意采用制裁和激励措施来"促使不情愿的盟友重新考虑"。[23] 美国政府实施的二级制裁给国际市场参与者划定了明确的界限：他们要么与美国贸易，要么与受美国制裁的经济实体进行贸易。通过实施二级制裁，美国正试图让其盟友在与竞争对手的贸易中无利可图。以伊朗为例，欧洲公司担心二级制裁后果惨重，纷纷断绝了与美国竞争对手的经济联系。此外，从长远来看，华盛顿方面可能会实施越来越多的二级制裁，这不仅会严重损害美国的主要市场参与者，而且还会使盟国陷入两难境地。[24] 美国在国家安全层面还有着强有力的工具，用以禁止其盟友与美国竞争对手之间的贸易。美国以安全为由，经常向其盟友施加压力，迫使其减少与美国竞争对手的经贸往来。[25] 华为公司就遭遇了这种状况，迫于美国政府施压，美方绝大多数盟友在自己的电信网络中避免使用这家中国科技巨头的技术。[26] 不仅如此，在微芯片生产价值链占据核心地位的美国盟友，如荷兰，遵从了美国政府的强硬政策，拒绝向华为公司提供产品与服务，迫使这家试图避开这些限制措施的科技巨头，在设计领域以及高科技芯片生产领域开启了自主发展的道路。[27] 2022 年秋季，美国实施了对中国出口微芯片管制，并积极游说在全球半导体行业发挥重要作用的关键盟友，尤其是荷兰、日本和韩国，采取类似限制措施。然而，考虑到中国是全球微芯片采购的最大市场，失去中国市场将对这些国家极为不利，因此他们暂时不愿屈服于美国政府的压力。与此同时，这些举措促使中

国开始发展自己的芯片供应链，进一步削弱了全球
贸易互联互通。[28]

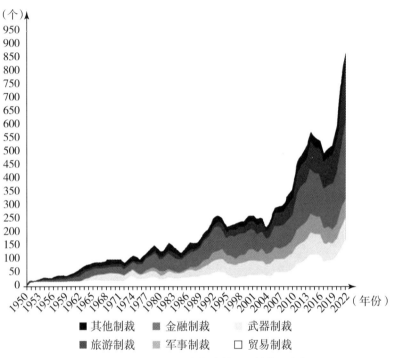

图 1-8　1950—2022 年间实施的制裁数量变化

资料来源：西罗普洛斯等人的文章（Syropoulos，2022）

　　然而，美国的阵营化行动并非仅限于联盟构建。
美国《通胀削减法案》（以下简称 IRA）被其对手和
盟友均视为保护主义措施，因为该法案倾向于支持
美国本土企业和在美绿色投资，在一定程度扭曲了
市场竞争，违反了世贸组织相关规则。IRA 实际上

鼓励了世界各地的公司将其投资转移到美国，这对美国政府在欧洲和东亚的盟友来说是一个极其敏感的问题。美国希望通过重建国内生产能力，在一些关键行业实现自给自足。在这场对抗中，美国国家利益往往置于其盟友利益之上。[29]

四 政治叙事转变：全球民主已逝，与"西方民主"的对抗成为主流

西方世界，特别是美国，在谈及当前世界面临的最重大挑战时，政治叙事也发生了转变。这一转变的显著标志之一，是弗朗西斯·福山于2022年年底发表在《大西洋月刊》上的文章，该文章一方面捍卫了他三十年前提出的"历史终结论"，同时对其进行了重新审视。[30]福山依旧认为，世界正在朝着自由民主方向发展。他确信，"西方民主"制度之外国家的系统性问题，是其制度无法纠正错误决策所导致的结果。与此同时，与冷战结束的乐观态度相反，福山还认为，西方列强首先必须击败这些政权，西方自由民主模式的无可置疑的首要地位才能显现出来。因此，在我们到达历史的尽头之前，还需要西方国家的大力推动。[31]

因此，未来十年最大的挑战将是"西方民主"政体和其他政体之间的竞争。[32]

所有这些仍然停留在理论层面，但理论往往先于行动，多年来积累的理论原则最终会在实践中显现。然而，如今理论和实践正齐头并进，福山的理论化正在成为官方政治学说。2020年3月，时任美国总统候选人乔·拜登在《外交事务》[33]杂志上发表了一篇竞选文章，当时竞选活动正如火如荼地进行。其中他阐述了自己的政治理念，并夹杂着对特朗普政府的批评。拜登指责特朗普侵蚀了美国的民主制度，削弱了人们对这些制度的信任，并指责特朗普在外交政策上没有与传统上被认为是美国盟友的民主国家齐头并进。[34]

拜登承诺将修正这些错误：他将重塑美国对西方民主制度的信任，并重建与民主国家的关系，以便他们团结一致，共同应对民主面临的外部挑战。

作为当选总统，乔·拜登坚持自己的理念。在2021年9月联合国大会上的一次演讲中，他谈到了"西方民主"政体和其他政体之间的竞争。[35]他宣称，尽管"西方民主"政体的时代已经结束，但在世界上的每一个角落，"西方民主"总是展现其持久生命力，并且"西方民主"终将获胜。[36]有趣的是，拜登的论点与福山的观点有着异曲同工之处：拜登认为，"西方民主"是激励个人实现最佳目标的政治制度，其内在特质也会在系统层面上带来更高的成效。

这并非空谈。拜登总统似乎坚持与西方民主盟友密切合作的理念，他正试图鼓励那些被认为民主程度较低，甚至在公共政策上持不同立场的盟国进行温和或广泛的民主改革。

五 团结的力量：一个凝聚的西方军事联盟

在过去八十年左右的时间里，美国缔结了一系列多边防务合作协定，其中北约的影响最为深远。这些国防合作协定多数诞生于冷战时期，聚焦于美国战略利益攸关的地区，本着门罗主义精神，这些协定多是与拉丁美洲以及东南亚国家签订的。[37]

在军事领域，美国也在积极试图将国际体系的运作转向以美国为中心的集团，拜登政府明确希望加强地区联盟体系。与几乎每一届新政府相同，拜登出台了新的国家安全战略。2022 年以《印太战略》为题的美国东南亚战略报告（IPS）以《国家安全战略》为基础，更直截了当地表明了这一立场：美国期望提升其军事存在，并希望其盟友以美国利益为导向参与其中。[38] 美国渴望政治和军事行动双管齐下，强化正式的军事合作。[39]

2021 年 9 月，美国总统与英国首相和澳大利亚总理一道，制定了"美英澳三边安全伙伴关系"（以下简称 AUKUS）防务协议的基本纲要。[40] 此次美澳英合作的核心目标，是联袂研发并投入使用 AUKUS 级潜艇。[41] 大约一年后，随着更多信息被披露，我们了解到其真正的目标是实现澳大利亚舰队的现代化并大幅提高其能力，但事实远不止于此，细节往往蕴含决定成败的因素。

AUKUS 显然是美国地缘政治思维的结晶，完全符合美国战略理论所规定的进程，即美国应该强化其联盟体系，并遵循基于集团的逻辑。[42] 鉴于 AUKUS 包含的项目的庞大成本与深远影响，以及所涉及的战略协调，澳大利亚将长期倚仗美国的国防工业综合体，这无疑缩小了澳大利亚的政治回旋余地，使其成为美国更加坚定的盟友。[43]

在西方军事联盟发生变化的背景下，另一个值得注意的发展是 2022 年在马德里通过的新战略文件，该文件取代了北约已有 12 年历史的战略概念。该文件警示，北大西洋地区并非和平之地，针对北约成员国主权和领土完整的潜在威胁始终存在。这一评估标志着 2010 年里斯本战略的巨大变化。[44] 另一个重要的新因素是，在上一份文件中，俄罗斯还被列为潜在的合作伙伴，而新战略概念将俄罗斯评估为对北约成员国的安全构成的最大、最直接的威胁。[45] 北约的威慑和防御姿态也清晰体现出这一重大转变[46]，因为北约传统立场主张"联盟不将任何国家视为敌人"，[47] 但该文件宣布该组织随时、有能力使用核武器，这无疑强化了它核威慑的作用。[48]

注释

1. 世界贸易组织还在其最新报告中谈到了地缘政治集团的形成。贸易指标还显示，集团内部贸易有所回升，而集团间贸易增长则停滞不前。目前不存在去全球化的风险，集团化倾向越发显著。所有这一切都是因为西方国家都追求基于价值观的政治立场，而非基于利益的政治立场，企业行为者在作出投资决策时，也在适应这一新风向（Reinsch, 2023）。

2. 还有一种观点认为，如果世界确实走上了阵营化的道路，那么我们必须做好准备，因为这一进程可能会与冷战期间的经历完全不同。苏拉布·阿马里（Sohrab Ahmari）提醒人们，尽管西方自由主义和苏联共产主义是对立的意识形态，它们之间也存在相似之处。因为这两种意识形态都根植于西方，这二者都将自己视为并希望外界将它们视为扩大人类自由的保障者（Ahmari，2021）。在未来可能出现两极竞争的情况下，我们难以再期待这样的共同点。

3. 然而，正如个别情景分析所示，对于世界将被划分为多少个这样的阵营，各方分歧显著（WEF，2023）。真正的阵营仅可存在一个，即美国与其欧洲和亚洲盟友之间的阵营，尽管几个大国或联盟可能选择对抗此阵营，或与之合作（Prakash，2022）。

4. 乔恩·贝特曼（Jon Bateman）指出，"脱钩"一词几年前主要活跃在包括美国在内的西方国家的政治词典中。该词指的是一种政治愿望，即通过强化应用技术限制（如收紧出口控制，强化国家销售监管，拒绝许可发放，实施签证禁令、制裁和保护性关税），来分离曾紧密关联的经济行为体。贝特曼指出，这一过程与之前建立联系的政治冲动形成鲜明对比（Bateman，2022）。

5. Yellen，2022。

6. 七国集团、世界银行和国际货币基金组织发布了对所谓地缘经济碎片化日益严重的威胁的分析，遵循了同样的逻辑（Okonjo-Iweala，2023; Georgieva，2023; Aiyar et al.，2023）。认为地缘经济分裂造成的经济损失为7%—10%。世贸组织秘书长奥孔乔·伊韦拉（Okonjo-Iweala）反对出于地缘政治目的导致的世界经济分裂化。据他介绍，这从一开始就会带来重大损失：根据世贸组织的计算，经济产出每年将下降5%—13%（Okonjo-Iweala,2023）。此外，它也不能解决地缘政治问题。一方面，从美国方面来看，友岸外包，即将生产链迁移到友好国家，被视为安全政策的一部分。另一方面，奥孔乔·伊韦拉认为，美国正在承担新的地缘政治成本，因为它必须几十年如一日地通过给予友好国家优惠待遇或军事支持来维持友好国家关系。世贸组织秘书长指出，分裂化也降低了生产多样化的可能性，因为可供选择的目标国家要少得多。过去四十年中，美国的工业和贸易政策逻辑始终秉持着与政治盟友保持着更密切的经济关系的理念。换句话说，美国的战略一直指向脱钩。

7. 马克·伦纳德（Mark Leonard）指出，超级大国的互联互通，尽管起点相异，却越来越趋同，因为它们的成功战略轨迹不谋而合（Leonard, 2021）。

8. 通过将国际体系组织成集团，美国的外交政策也试图消除相互依赖。拜登政府成员，如美国国家安全顾问杰克·沙利文（Jake Sullivan）、美国财政部部长珍妮特·耶伦（Janet Yellen）或美国高级总统顾问布赖恩·迪斯（Brian Deese）多次谈到减少相互依赖的必要性。例如，沙利文写道，在相互依存的时代，"战略竞争"盛行，如何通过与合作伙伴和盟友建立关系，而不是转向不可预测的状况，来缓解供应链中的风险和脆弱性。虽然在某些情况下，不对称的依赖性会破坏国际体系的稳定，但经验告诉我们，相互依赖性也可以稳定国际体系。欧洲和俄罗斯之间的能源合作就是一个很好的例子，但现在该合作基本已经结束。这种相互依存的体系，在文献中被称为"天然气桥"，稳定了欧洲安全秩序（Gustafson，2020）。

9. Martín, 2022.

10. 针对长期制裁有效性的科学评估，有学者通过研究 1914—1990 年 100 多起经济制裁案例，得出结论：在 34% 的案例中，实施的惩罚性经济措施是成功的，即完全实现了既定的政治目标（Hufbauer et al., 1990）。有学者重新研究了这些数据得出结论：只有 5% 的制裁是真正成功的。造成这种差异的主要原因是，在许多情况下，制裁制度虽然最初被认为是成功的，但并非独立地取得预期的效果，而是与其他一些威胁（如军事力量）相结合。该研究指出，要使制裁取得成功，几乎所有国家必须全面接受并遵守制裁规则。此外，事实证明，各国对制裁影响的抵抗力远超想象，加强或扩大制裁并不能显著提高其有效性（Pape，1997）。还有学者研究了 1950—2016 年的 729 个制裁制度，发现其中约 30% 是有效的。研究还指出，自 1995 年以来，实施制裁的次数大幅增加，但其有效性并未提高（Felbermayr et al.，2020）。

11. Leonard, 2016.

12. Henderson, 2023.

13. Telò，2020.

14. Sinha-Saran, 2020.

15. Allison, 2020; Martin, 2021; DiCarlo-Schneider, 2022.

16. Yergine, 2023.

17. Riordan, 2023.

18. Von Essen, 2023.

19. Gan et al., 2021 ; Menon, 2021.

20. Schöttli, 2023.

21. Patnaik-Kunhardt, 2022.

22. Gehrke-Ringhof, 2023.

23. 西方特别是美国所实施的国际制裁实际上损害了它们自身的利益。根据 2021 年的数据，受美国制裁影响的国家已占世界经济体的五分之一。他们正日益着力创建替代金融体系，从而避开制裁（Sabatini, 2023）。英国皇家国际事务研究所（Chatham House）首席研究员认为，系统性挑战在于，巴西和印度等与美国关系良好并未受制裁影响的国家也支持该倡议。换句话说，制裁导致西方不断失去其合作伙伴，这些合作伙伴转而站在多极秩序的挑战者一边。此外，尽管反制裁的世界经济尚在谈判阶段，但西方已经失了阵地。一个典型的例子是，由于二级制裁，各国无法在西方主导的金融体系中出售其不良债务，因此委内瑞拉将其政府债券出售给东方和南方，而非西方的参与者。由于此类政府债券得到委内瑞拉丰富的矿产储量和广泛的国家能源市场所有权的支持，西方对能源的影响力有所减弱，而挑战者的影响力有所增强。

24. Chu, 2022.

25. Bateman, 2022.

26. Cerulus-Wheaton, 2022.

27. Deng-Pan-Perez, 2023.

28. Fazi, 2023.

29. Fukuyama, 2022.

30. 这就是为什么福山的评论具有一定的隐晦魅力，因为苏联势力范围内的国家对这样的论点非常熟悉："要实现世界无产阶级革命和全面共产主义，还需要加倍努力。"

31. 福山的文章以及他于2022年出版的著作《自由主义及其不满》（*Liberalism and Its Discontents*）引发了激烈的辩论。有学者认为，福山声称新自由主义只是一个失误，是自由主义的错误实施，这一论点是错误的。事实上，新自由主义准确展示了自由主义固有的诸多缺陷。因此，我们不应该寻求某种原始自由主义的回归，而应期待自由主义的替代方案（Ahmari, 2022）。内恩（Deneen）认为，他在这本书中恰好也被提及，自由民主政体与专制政体之间的区别只不过是人为地创造出的，目的是维护自由主义的地位。我们可以承认冷战时期是自由主义的黄金时代，但当时鉴于苏联所代表的生存威胁，没有人敢质疑自由主义及其缺陷。因此，目前的逻辑是，所有自由主义的替代方案都只能被贴上专制主义的标签，从而填补了共产主义留下的对立空白（Deneen，2023）。

32. Biden，2020.

33. 值得注意的是特朗普政府很少考虑意识形态因素，与拜登政府形成鲜明对比。换言之，与拜登政府相比，特朗普政府没有设定意识形态方面的期望，从而为国家自我形象相符的政策留下了更大的空间（Grygiel-Mitchell，2017）。

34. The White House，2021.

35. 第二次世界大战后世界秩序已失去动力，需要一个新的世界秩序（The White House，2023c）。换言之，对于现任民主党领导层提出的叙述，有一种解释是它为新世界秩序搭建框架，并指明了其主要矛盾与冲突舞台。

36. 其中一个例子是1951年与澳大利亚缔结的ANZUS军事合作协议。新西兰也是该协议的缔约国，但在20世纪80年代，新西兰政府认为续签该协议不符合其国家利益。1986年，美国中止与新西兰有关的该条约下的相关使用条款。

37. 除了大型多边协议外，美国还经常与其他国家签署关于特定领域的国防合作双边协议。如1958年《英美共同防卫协定》的核合作。美国和匈牙利之间也有双边防务协议。

38. The White House，2022a.

39. The White House，2022a.

40. 当然，西方国家并非唯一缔结国防协议的一方。其中一个例子是 1994 年在俄罗斯、白俄罗斯、哈萨克斯坦、亚美尼亚和吉尔吉斯斯坦之间成立的独联体集体安全条约组织（CSTO）。同北约一样，CSTO 成员国也承诺保障集体安全。2022 年 1 月，俄罗斯维和人员在 CSTO 的支持下被派往哈萨克斯坦平息该国动荡局势。然而，与北约不同，CSTO 不参与军事活动，因此未涉足俄罗斯在格鲁吉亚或乌克兰的战争。

41. 这一点曾引发了一场重大的外交风暴（也凸显了美国的战略利益），因为澳大利亚最初计划与法国合作发展其舰队。

42. Jennings, 2023; Shoebridge, 2021; O'Sullivan-Orbán, 2021.

43. Townshend, 2023.

44. Kuo, 2022.

45. Brzozowski, 2022.

46. Swicord, 2022.

47. Szenes, 2022.

48. Szenes, 2022.

第四节　阵营的形成并非真正符合西方国家利益，反而增加了大规模战争的风险

但战争的局势确实变化无常。

盖佐·戈尔东尼（Géza Gárdonyi）

　　第三节中的五种情境清晰表明，西方世界正日益倾向于采取一种基于阵营的战略。近年来，人们越来越趋向于用"去风险"来描述该策略，而非直接提及"脱钩"。然而，这种表述上的变化并未改变其本质，不过是一种文字游戏罢了。因为在西方的逻辑里，"去风险"实际意味着断绝联系，也就是通常所说的"脱钩"。[1] 真正的问题在于，这个由五部分组成的阵营化政策能否实现人们寄予的厚望。这五种情境是否真正提升了西方文明的地位，还是仅仅停留在中立，或者与预期完全相反？当然，甘瓜苦蒂，天下物无全美。也就是说，每一步行动都会产生各种后果，不论是预期的还是意外的，积极的或是消极的。关键在于我们

是否能精准评估各种潜在后果，权衡利弊，判断积极的结果是否足以抵消潜在的负面影响。接下来，我们将集中探讨几个关键因素，解释为何说将西方世界与非西方世界分开来看似乎并非明智之举。

一 经济分离：打铁还需自身硬

软外交手段和日益频繁使用的经济制裁本质上都基于经济逻辑。软外交的主要目的之一是实现资金内循环，这意味着西方国家主要与"自己人"进行贸易。经济制裁也带来了重大的影响，特别是阻断了非西方国家这一竞争对手获取西方至关重要的资源和技术。[2] 然而，这一逻辑只有在被制裁方经济实力明显弱于制裁方时才能奏效。[3] 从这一点来看，西方三十年前所占据的经济优势已不复存在。因此，这种做法已无实际意义。更严重的是，这种基于制裁的集团化方式似乎正导致全球普遍蒙受损失。[4]

在接下来的图表中，我们将呈现一些关键数据，这些数据清晰地展示了东西方在世界经济中的当前地位及其相对位置。我们将借助这些数据，深入分析各经济体在总经济产出中所占的份额及其随时间推移而发生的变化、各国经济的附加值、可利用的原材料和能源资源的储量，以及作为潜在国内消费市场规模的代表性人口指标。

图 1-9 展示了基于购买力平价的全球十大经济体在世界经济产出中的占比。如图 1-10 所示，苏联解体后不久，当时全球十大经济体中有六个是西方国家。七国集团国家占据前六大经济体，只有加拿大不在其中。这六个西方国家当时共占全球经济产出的 48%。2019 年，全球经济仍然由西方主导，虽然只有五个西方国家进入前十名，但它们依旧占据

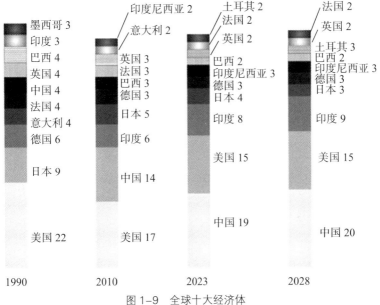

图 1-9　全球十大经济体

资料来源：IMF，2023b

注：根据其在世界经济产出中所占的份额（％）。

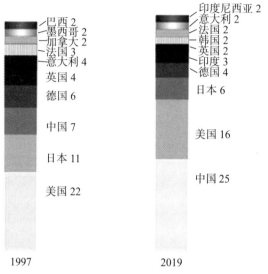

图 1-10 前十大经济体生产工业附加价值占比（％）

资料来源：根据世界银行 2022 年数据自行计算

了全球经济的近一半。然而，变化已经初显，中国的经济总量份额增长到原来的两倍以上，跃升为世界第二大经济体，全球经济重心已经发生了根本性的变化。到了 2023 年，按购买力平价计算，中国超过美国成为世界第一大经济体。尽管五个西方国家仍在世界十大经济体中占有一席之地，他们在全球经济产出中的份额已降至大约 27%，而非西方国家的份额则从之前的大约 25% 上升到 33%。

在全球范围内，2010 年，发达国家与发展中国家的经济产出比例为 60 ∶ 40。[5] 到 2023 年，这一比例几乎完全颠倒。[6] 到 2030 年，经济重心的转移将更为明显。

根据国际货币基金组织的数据，人们曾预测2030 年世界十大经济体将由哪些国家组成。根据渣打银行的预测，只有三个西方国家上榜，印度将把美国挤到第三位。[7] 普华永道（PwC）的预测则显示，2030 年，十大经济体中将包括四个西方国家，美国将继续保持第二位。他们进一步预测，到 2050 年，印度可能升至世界第二大经济体，届时十大经济体中将只有三个是西方国家。[8] 此外，2024 年国际货币基金组织对 2028 年的经济预测也值得关注。据该组织预测，虽然十大经济体中仍将包含五个西方国家，但他们在全球经济中的份额预计将下降至 24%，而非西方国家的份额将增至 35%。在此期间，中国预计将继续领先，印度与美国之间的差距将进一步缩小。

世界经济制造中心已明显转移至东方，产生这一变化的原因及其背后的经济政策影响，我们之前已有深入探讨。

到 1990 年，西方国家贡献了超过 40% 的全球工业增值，而到了 2019 年，仅中国就占了四分之一，美国的份额下降到了 16%，印度、韩国和印度尼西亚也崭露头角。同时，如图 1-11 所示，西方的技术优势正逐步丧失，[9] 东方国家的出口产品高科技含量极高。

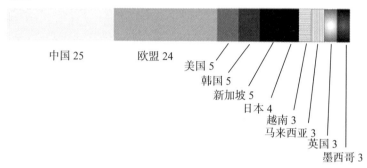

图 1-11　2019 年高科技产品出口额最大的十个国家经济体（%）

资料来源：根据世界银行 2023 年数据自行计算

　　另一个关键问题是，谁能控制推动世界经济的能源载体和矿产资源。首先需要明确的是，在未来几十年中，原油和天然气将仍是世界经济的核心。[10] 若以能源生产作为基础来衡量，第二次世界大战以后，东方在两种最重要的能源载体中的主导地位将得以保持。从图 1-12 来看，尽管美国已明显成为石油和天然气市场的主导者，[11] 但沙特阿拉伯、俄罗斯和伊朗仍是最重要的生产国。[12] 同时，非西方国家掌握了丰富的现代技术所需的矿产资源——南美洲提供了 40% 的铜，俄罗斯和东南亚提供了半数以上的镍，而中国生产了超过 60% 的石墨和 60% 的稀土金属。[13] 东方在人口方面的主导地位已经持续了数十年，从西方的角度来看，尽管东方目前面临一些人口问题，但其在人口规模上的优势不可否认，西方对此深感不安。

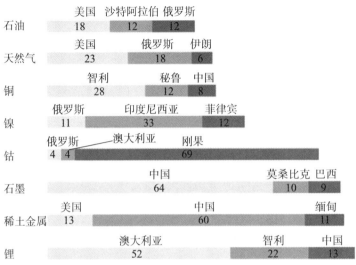

图 1–12 三个最重要的个体矿产资源生产者和能源载体（%）

资料来源：根据国际能源署 2023 年数据自行计算

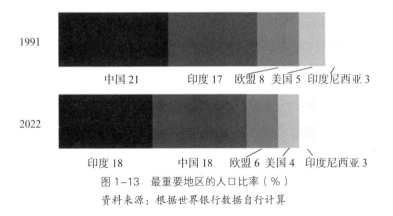

图 1–13 最重要地区的人口比率（%）

资料来源：根据世界银行数据自行计算

总体而言，经济分离及其背后的软外交手段和制裁政策，无疑会带来巨大的风险。[14] 实际上，从西方经济运作的角度看，脱钩的风险似乎远大于互联互通带来的风险。[15]

第一，西方世界的经济产出远不如非西方世界。第二，东方国家生产附加值的能力也强于西方国家。在获取原材料和能源方面，西方世界同样处于劣势，美国的情况相对较好，但欧洲在这方面却表现不佳。从人口统计来看，西方世界人口仅占全球人口的八分之一，明显少于非西方世界。[16]第三，廉价原材料的获取、稳定的能源供应以及庞大的国内消费市场，这三个因素是经济增长的关键条件。第四，作为全球货币的美元的主导地位下降，常常被作为额外的论据提出。[17]因此，西方与非西方世界的分离或疏远，实际上不会削弱被制裁方，而只会削弱自身，因为这等于是西方将自己与最具增长潜力和最有前景的市场隔离开来。

二 所谓的美国"民主"框架令西方盟友疏远

全球脱钩，也就是非西方世界与西方世界的日益分离，这一趋势的一个显著迹象表现在美国外交政策中新出现的一个重点，即他们所谓的"民主国家与专制国家"的对立，这在前文已有详细论述。
一般而言，我们可以认为追求"美式民主"是美国
民主党进步派政治议程中的一部分，也是美国国内
广泛辩论的焦点。[18]

　　具体而言，这种情况主要是因为越来越多原本
被认为符合"美式民主"的国家，根据多个研究机
构的指标，现在已沦为"部分民主"国家。尽管不
止一个国家被视为美国的坚定盟友，但在美国的传
统盟友中，我们同样可以看到许多根本不符合"美
式民主"的国家，尤其在中东地区。[19] 因此，美国面
对的这一战略困境[20]似乎在情理之中。若美国希望
团结那些坚定支持"西方民主"制度的国家，特别
是那些与民主党进步派有着相同的理念和价值观的
国家，那么它能够期待与之顺畅合作的国家数量就
会大幅减少。[21] 此外，民主存在与否难以界定，其测
量或量化更是难上加难。[22] 美国政府领导层所信奉的
民主理念在美国国内引起了激烈的政治争论，因此，
要求其他国家全盘接受这一理念未免过于自以为是。
美国希望其盟友遵循其制度规则和标准，然而它自
己却屡次违反这些规则，这无疑增加了外界的不满。
例如印度等许多非西方国家，虽然认同美国关于俄
乌冲突的立场，但基于现实政治的考虑，他们还是

继续大量进口俄罗斯能源，这一行为并不出人意料。

这种困境进一步激化了问题。要求现有的和潜在的盟国严格遵守道德准则，尤其是这些准则在盟国内部还存在激烈争议的情况下，很容易造成事与愿违的效果。随着盟友数量的减少，一些以往的伙伴可能会选择其他途径推进自己的外交战略，从而回避美国的期待。[23] 这为其他国家提供了机遇，使其他国家增强了自己在国际体系中地位。沙特阿拉伯与伊朗之间由中国促成的和解[24] 就是典型例证。如果足够多的美国前盟友或亲美国家拒绝接受新条件，即在本国推行"西方意识形态"，这将为其他国家提供机会，让他们在现有的国际制度之外建立新的替代机构。[25] 实际上，这意味着处于西方世界边缘的国家可能最终会与西方彻底分离，使核心西方国家孤立无援。在这种情况下，它们将不可避免地在其所谓的"西方民主"政体与其他政体[26] 之间的竞争中败下阵来。

三 冲突在何处得以奏效：西方在军事上仍占上风

至少在目前，西方国家在军事力量方面的主导地位仍然毋庸置疑。冷战结束时，美国的国防开支居全球之首，占全球总额的 41%。在此期间，国防开支最高的前十个国家都是西方国家，这些国家加上美国的国防开支几乎占到了全球的 60%。到了2022 年，形势有所改变，十大国防预算国中只有四个是西方国家。尽管如此，美国及其西方盟友的国防开支仍然接近全球总开支的一半。

除开支外，从各类武器系统来看，西方盟国在海、陆、空方面均占优势。根据考察军事力量的全球火力指数排名，大约一半的航空母舰归美国所有，并且在最强五国的海军力量（战舰）中，有三个是西方国家。[27] 装甲战车和空中力量也居领先地位。

由此可见，西方世界因为美国，无疑在军事力量方面拥有明显优势。自加入北约以来，匈牙利认真履行条约中的义务，全力以赴保障匈牙利的安全。然而，决不能忘记，北约成立初衷是一个基于集体防御原则的防御性联盟。

在探讨这一问题时，我们的担忧不无道理。在艾萨克·阿西莫夫（Isaac Asimov）著名的《基地》中，心理历史学家哈里·塞尔顿（Hari Seldon）利用一套复杂的数学模型，预测了银河帝国的衰落。有些夸张地说，阿西莫夫提出的心理史学已经成为一门真正的科学，即所谓的"历史动力学"（cliodynamics）。这门学科的精髓在于，正如阿西莫夫所描述的那样，我们可以通过对历史事件进行细致的数学和统计分析，并根据反复出现的模式得出结论，从而对未来事件做出预测。正如这部著名科幻小说所描述的那样，现实研究表明，帝国和霸权国家在其存在过程中会经历多个周期，有些甚至持续数世纪。在这些周期中，平衡与和平的时代往往会被社会动荡的时期所替代，反之亦然。更为关键的是，一个衰落的霸权国往往会越发频繁地发动战争，而冲突与动荡之间的和平与社会平衡时期也在逐渐缩短。[28] 这些模式与当今世界政治进程惊人地相似。[29] 我们的担忧并非无中生有。因为如果美国这个衰退中的霸权国唯一的优势是军事力量，那么它很可能会借助武力来维持地位，因为这是它最有可能成功的途径。[30]

四　重要观点总结：一章回顾

我们迄今所知的世界秩序模式是否会继续存在，目前还无法断言。但已经有迹象表明，西方世界的领导者，特别是美国，似乎已决定通过阵营对抗来提升他们的成功概率。然而，政治分裂和阵营对立是一把双刃剑。只有当你手中握有好牌时，它才会奏效。以下是从这一长篇章节中提炼出的几个关键点：

（一）经济上的回缩可能会导致西方的相对落后。

1. 东方在世界经济产出中所占的份额大于西方。

2. 东方在有用原材料和能源资源方面资源更丰富。

3. 全球仅有八分之一的人口生活在西方世界，其市场规模远不如其竞争对手。

4. 预测显示，在未来几十年里，西方将被拒于发展潜力最大的市场之外。

（二）政治阵营的形成疏远了西方的非西方盟友。

1. 全球竞争要求美国的盟友在意识形态上保持一致，这增加了盟友间的压力。

2. 美国拥有多个非"西方民主"的盟友，这些国家在过度政治压力下将会背弃美国。

（三）西方在军事上仍然拥有压倒性优势。

这也是其唯一可以证明自己仍然拥有绝对优势的领域。

然而，当前霸权在军事领域的优势最为明显，这自然成为其应对潜在挑战者的首选方式，即通过战争。但在当今这个拥有大规模毁灭性武器的时代，走向战争对任何人都没有好处。在政治和经济方面，西方退守集团可能会得不偿失。因此，本章的明确结论是，阵营对抗的战略并不符合美国乃至更广泛西方的利益。

当然，我们匈牙利人对世界所走的道路或大国的决定几乎没有发言权。本小节对阵营化趋势的评估也是出于对西方文明命运的担忧。从我们中欧的视角看，事态似乎正朝不利的方向发展，但我们几乎无法左右它们，只能选择适应。

因此，下一章我们将探讨集团形成如何影响匈牙利，以及匈牙利在阵营化世界中应遵循哪些原则和考虑因素。

注释

1. "去风险"（de-risking）这个术语听起来比"脱钩"（decoupling）更具外交色彩。美国更倾向于使用"de-risking"而不是"separation"，因为通过这种较为温和的措辞，美国试图说服其盟友在国际竞争中与其站在一边（Cave，2023；Miller，2023）。关于这两个概念之间的重叠，可以说正是由于"de-risking"含义的模糊和不确定，因此可以推断，将"de-risking"与国家安全联系起来，就像美国所做的那样，本质上与"separation"是相同的（Gewirtz，2023）。布鲁塞尔欧洲政策研究所在一项研究中也指出了类似的意义相似之处，从而引起人们对"de-risking"甚至可能是去全球化的手段的关注（Demertzis，2023）。

2. 要理解现代制裁的目标，或许值得追溯到20世纪初对这些制裁手段的理解。根据美国总统伍德罗·威尔逊（Woodrow Wilson）的思想，人们认为可以通过经济限制来实现政治目标，而不需要战争带来死亡，其花费也比部署军队要少得多。然而，研究驳斥了这些假设：制裁可能会造成危害，甚至死亡，而且很难准确衡量与制裁直接相关的后果。因此，有时制裁的主要目的似乎是作为一种象征性工具，制裁国政府可以利用它来试图提高自己的声望（Barber，1979；Lindsay，1986）。这可能是最重要的目的，因为从经验来看，制裁很少对目标国的政治变革产生影响（Adler-Karlsson，1979；Doxey，1971；Wallensteen，1968）。20世纪，对阿比西尼亚战争期间的意大利、朝鲜战争期间的朝鲜、越南战争期间的越南以及海湾战争期间的伊拉克的制裁都没有取得成功。就制裁措施的"命中率"而言，同样值得注意的是，受到最多制裁的国家大部分是拥有根深蒂固政治体制的国家。目前受到第二大范围制裁的伊朗政权自1979年掌权以来几乎一直受到制裁。受制裁第三多的国家是叙利亚，哈菲兹·阿萨德曾在 1971—2000 年执政，其子巴沙尔·阿萨德执政至今。受制裁第四多的国家是朝鲜，朝鲜的现行政治体制自 1948 年就已存在，而第一次制裁实施于 1950 年。因此，制裁压力往往只会加强政治体制。这支持了制裁的政治效果充其量只是值得怀疑的观点。此外，旨在传播西方模式成功经验的软性影响手段（品牌、产品、沟通渠道）也无法进入相关社会，或至少影响力大打折扣，从而进一步降低了政权更迭的可能性。

3. 受制裁国家的自给自足程度往往会提高，而对全球经济的依赖程度则会降低，这对制裁的经济效果产生了影响。俄罗斯就是一个很好的例子，它早在 2014 年就宣布了进口替代政策，并尽最大可能独立于西方开发并准备俄罗斯的系统、方法和产品。虽然俄罗斯在 2014 年后成为世界上受制裁第二多的国家，但它成功地开发了替代生产和贸易机制。在其他国家，制裁也促进了某些部门的独立发展。伊朗和朝鲜的核计划都是努力孤立这些国家的结果。古巴通过建设医疗系统来缓解其孤立状态，并利用该系统向发展中国家提供医疗援助和医疗培训项目。作为援助当地医疗系统的交换条件，古巴近几十年来得以从委内瑞拉获得廉价原油。

4. 国际货币基金组织在其一年两次的《全球金融稳定报告》中，专门用一章论述了集团形成对金融事务的负面影响（IMF, 2023a）。除了外国直接投资的流动，经济集团的形成还对成本核算、交易、银行资产定价以及

银行的贷款潜力产生了重大影响。例如，报告强调，自
2016 年以来，美国和中国已将跨境投资组合和银行配置
减少了 15%（IMF，2023a）。在该文件中，IMF 专家认
为金融集团的形成造成的经济损失占国内生产总值的 3%
（IMF，2023a）。

5. 国际货币基金组织将"发达国家"定义为西方世界
和美国最亲密的亚洲盟国，如日本，而发展中国家和新
兴国家则代表非西方世界。

6. IMF，2023b。

7. Martin，2019。

8. PwC，2017。

9. 其中一个重要领域是芯片生产。毫无疑问，在芯
片技术开发方面，美国公司仍然是最重要的，但制造能
力却集中在东方。80% 以上的调制解调器微芯片由一家
中国台湾公司生产，其余的则由韩国公司生产（García-
Herrero，2022 年）。中国的芯片研发和生产也是原因之一。
虽然华为或联想等中国大型科技公司约有一半的收入来
自国外，但中国生产的芯片数量不到所需数量的 20%，
因此中国目前是技术的净进口国（Lewis, 2019）。与此
同时，中国的芯片生产能力目前正在以最快的速度扩张
（Tseng, 2019）。另一个重要领域是可再生能源技术。20
世纪 10 年代初，中国主导了太阳能电池板生产步骤的一
半，而现在这一比例已上升到 80% 以上（IEA,2022）。

10. 根据美国能源信息署（EIA）的预测，到 2050 年，

全球能源消耗将增加约 50%（EIA，2021）。根据 EIA 的预测，未来最重要的能源仍将是石油产品，天然气的使用量也不会大幅减少（可再生能源和核能将占增加量的大部分）。

11. 由于 21 世纪 10 年代后半期发生的页岩油和页岩天然气革命，美国成为原油净出口国（尽管美国原油出口量仅略高于进口量），并成为天然气市场的重要参与者（Yergin，2023）。

12. 决定性因素不仅包括开采量，还包括各个国家的进出口状况。东方国家占原油出口的一半以上，仅中国和印度两国就占全球原油进口量的 31%（OEC，2023）。东方国家在液化天然气出口方面也占据主导地位，这些国家的液化天然气出口量占总出口量的近 60%，而前三大进口国——中国、韩国和日本的液化天然气进口量占总进口量的一半以上（GIIGNL，2022）。

13. 钴也是现代技术中的关键矿产资源，中国已采取果断措施控制钴的供应。近 70% 的钴在刚果开采，如今，19 个矿场中有 15 个由中国公司经营，通过这种方式开采的钴有 80% 被运往中国（Ahlijian，2022）。

14. 国际货币基金组织总裁克里斯塔琳娜 - 格奥尔基耶娃指出，从长远来看，贸易分散会使世界经济产出减少 7%，相当于德国和法国经济的总和。如果再加上技术脱钩，这一比例可能会上升到 16%。格奥尔基耶娃认为，经济分裂几乎从未停止过，而且很可能导致地缘政治的完全分离，即形成相互竞争的集团。

15. 自由贸易的支持者提醒我们，国家补贴和限制市场的措施本身是不好的：它们人为地使一国生产的商品更便宜，降低了经济效率。美国通过的一揽子反通货膨胀法就是一个例子，上一小节详细讨论了其内容。《通胀削减法》（IRA）尤其令人反感，因为受益者必须达到当地含量门槛（例如，产品必须在北美组装，或一定比例的零部件必须来自该地区）。面对美国的保护主义，全世界都无能为力：世界贸易组织的规则明确禁止 IRA 中使用的门槛值，但正是华盛顿确保了世界贸易组织无法有效执行这些规则。然而，这将对世界贸易造成重大损害。因此，美国的盟友和挑战者都不得不以金钱对抗金钱，增加自己的政府补贴来对抗华盛顿的政策。如果这导致全球补贴竞争——欧盟、日本和韩国的应对措施已经显示出这种迹象，这可能导致全球贸易体系的分裂，增加消费者的成本，加剧创新的障碍，降低政治合作的意愿。

16. 卡内基十多年前的分析报告值得一看，其中讨论了到 2050 年世界将面临的最大变化（Dadush - Stancil, 2010）。当时，专家们预测，非西方世界将取代西方，成为世界经济的最大组成部分，这主要是由于其人口优势和不断缩小的技术差距。因此，西方国家将越来越多地采取保护主义，这将导致经济产出下降，从而降低生活水平（尽管相对而言，生活水平仍会较高）。地缘经济的变化将导致重大的地缘政治变化。最后一个重大变化（或者说没有变化）是西方世界和非西方世界之间的相对收入差距依然存在。在非洲，仍有许多人处于绝对贫困线以下，这将对全球移民产生重大影响。

17. 美国曾经的霸权角色和大国地位带来的一个后果就是美元成为全球储备货币。无独有偶，非西方世界也是如此。为应对战争和冲突所引发的地缘政治变化，金砖五国正在实行去美元化。换言之，一个主要由金砖国家合作推动的替代货币体系正在形成。关于这一体系，已经出现了一些想法。一些人提到了数字货币，它可以由贵金属和其他原材料支持（Krikke，2022）。金砖国家新开发银行提出的另一种选择是，五国之间的外贸至少有一半使用当地货币（Chenoy，2022）。专家们一致认为，美元作为储备货币的地位将大幅下降，唯一的问题是这将在几年（Fazi，2022）还是几十年内发生（Ferguson，2023b）。

18. 西方的地缘政治思维和关于世界秩序变革的观念主要是由国内政治塑造的。近年来，西方进入了后自由主义时代，自由主义政治力量越来越多地试图通过"我们对他们"的专制逻辑来维持其权力。这种逻辑也转移到了外交政策上，于是出现了意识形态斗争。此外，正如自由主义在西方国家国内政治中的失势导致了新的权力逻辑一样，西方在国际关系中地位的相对丧失也导致了新的地缘政治意识形态。然而，非西方世界正是因为相对强大才能够抵制西方的意志。共和党的新保守派同情民主党主流的外交政策方向。理查德·哈斯是其中一位反对者，他曾是科林·鲍威尔的幕僚长，后担任对外关系委员会主任长达 20 年之久。在他看来，美国已不再具备使其再次成为国际霸主的全部能力。正因如此，与新兴大国保持密切对话，避免采取阵营化政策，才符合美国的利益（Richard Haass，2022）。

19. Funnell,2021.

20. 弗格森批评拜登政府再次使用简单化的意识形态，将世界简化为国家之间意识形态的斗争。这位英国历史学家认为，对民主政体进行分类，尤其是将其与西方自由民主相提并论，本身就存在问题。也没有客观的指标来确定民主变为专制的边界线。此外，美国本身也在与许多严峻的挑战作斗争，包括某些权力部门的过度扩张，将其视为民主倒退是非常合理的（Ferguson，2023a）。

21. 这种期望甚至会迫使美国最亲密的盟友改变方向。法国总统马克龙认为，如果多极世界秩序真的到来，欧洲必须在经济、军事和技术实力方面成为独立的一极（Cercas，2023）。然而，与当前的欧洲—大西洋叙事相反，要做到这一点，欧洲还必须与更多国家保持战略关系。顺便提一下，一些共和党专家也得出了同样的结论。例如，德西莫尼安（DerSimonian，2022）在分析国际关系时指出，欧洲需要的是一种复杂的方法，除了经济和能源需求外，还要考虑到整个欧洲安全体系。

22. Funnell,2021.

23. 世界秩序的转变也得到了全球南方国家的帮助。西方国家继续根据威尔逊原则的遗产运作。根据美国总统威尔逊的自由国际主义方法，一个和平的世界秩序可以通过技术官僚的全球机构和制度来确保，而这些机构和制度将不言而喻地遵循西方的原则。南方国家直到现在仍是这一秩序的一部分，因为它通过自由化的国际贸易获得了巨大优势。然而，战争与冲突为全球南方国家敲响了警钟。西方的保护主义愈演愈烈，而各类制裁在西方世界之外也造成了巨大损失，南方国家深知集团形成的危险。此外，西方还给出了对其他国家采取措施的意识形态理由：与西方站在一边的是好人，不站在一边的是坏人。这种对世界秩序的重塑将给南方国家带来负面影响，而南方国家现在有能力对此有所作为（Mead，2023）。

24. Walt，2023.

25. Guyer，2022.

26. 国家之间日益紧张的关系并非真正源于技术、军事或贸易问题，而是源于深刻的意识形态分歧。冲突的真正原因在于大国对竞争的理解完全不同。一些国家的"定向战略竞争"就像一场体育比赛，胜者为王，但败者可以为下一场比赛做准备，届时它将再次有机会获胜。与此相反，对另一些国家来说，竞争意味着生死搏斗。只有各国能够认识到这种差异并学会减少压力，它们之间的紧张局势才可能得以解决。（Levin，2023；Stiglitz，2022）。

27. 这一排名清楚地表明了西方的领先地位，在军事实力最强的十个国家中，有六个是西方联盟体系的成员。

28. Turchin, 2007.

29. 还有其他迹象也指向可能的军事冲突。国际关系文献表明，当两个国家的基本利益截然相反，当两国宣称的利益领域重叠，尤其是当两国经济紧密相连、商业关系密切时，就会形成这种持久的对手关系。持久对手的一个重要特征是，两国关系的和平时期只是敌对双方积蓄力量准备下一次较量的机会。所有这些因素都是中美关系的特点。这种永恒的竞争也很难解决。自拿破仑战争以来，有二十七个永恒的对手发生过冲突，平均每个冲突持续了半个世纪。解决这些竞争有三种可能的方式。第一种显而易见：一方在战争中击败另一方。第二种是外部共同敌人的出现（第一次世界大战就是这样化解了英法之间的竞争）。冷战是第三种方式的唯一例子（Colaresi et al.，2008）。

30. 有学者非常有力地阐述了这种可能性。大国竞争已经陷入了一种被称为修昔底德陷阱（Thucydides Trap）的历史性困境。如果一个衰落的霸权受到另一个崛起的力量的挑战，它们之间的战争几乎是不可避免的。回顾了五百年的历史，他发现了十六个这样的案例，其中有十二个导致了战争（Allison，2017；Layne，2020）。

第二章 第一步——何为匈牙利人，匈牙利人来自何方？将去往何处？有哪些潜在的障碍？

匈牙利的命运不是扩张，而是崛起。

莫尔·约卡伊（Mór Jókai）

"他们长相令人厌恶；两眼深陷，身材矮小，品德言谈粗鲁野蛮，以至于人们可以合理地谴责命运的无常，或者更应惊叹于上帝的宽容，竟让这片美丽的土地沦为这些怪异的人类的战利品。"这种描述令人震惊，当我们得知这是弗赖辛主教奥托（Bishop Otto Freising）对匈牙利人的评述时，更是感到侮辱至极。当然，这种不友善的人物刻画根源于 12 世纪的战争。在当时和现在一样，大加夸赞对手可不流行。

尽管如此，事情还有积极的一面。即便是那个目光狭窄的主教也无法否认，匈牙利是美丽的。此外，他不仅停留在美学层面的描述，他的著作中还提到了匈牙利卓越的地理位置、壮观的自然财富和极为有利的地形。弗赖辛主教奥托总结道："你现在可能会相信，这里是上帝的乐园，或是雄壮如埃及的圣地。"

自那时起，已过去近九百年。有些事情并未改变，匈牙利地理位置仍然优越，气候依旧宜人，自然风光同样丰富，我们几乎可把匈牙利想象为人间天堂。然而，我们周围的世界已经改变。随着地理大发现，中欧地位日渐式微，匈牙利在经济和政治方面都被置于从属地位，首先是奥斯曼土耳其人的

入侵，然后是被强制纳入更广泛的帝国计划。我们
被卷入了几乎所有的国际冲突，失去了三分之二的
领土。

他们说，能从此般困境中走出，已然是一种胜
利。但是不能因此降低目标。我们已恢复主权，且
当今世界贸易的主要路径并不局限于跨大西洋或跨
太平洋的路线。正如遥远的过去，我们的地理位置
仍旧得天独厚，如何充分利用我们享有的优势取决
于我们自身。

但是，我们应该如何描述处境优越的匈牙利人
呢？我们首先来审视一组令人惊讶但十分能说明问
题的数据。提及匈牙利，多数人会将其想象为世界
地图上不起眼的一个小点。毕竟，匈牙利国土面积
仅为 93000 平方千米，位列世界第 108。[1] 不仅如此，
匈牙利人口不足千万，仅位列全球第 94。[2] 在军事
实力方面，匈牙利在 145 个国家中位列第 54。[3] 面
对这样的统计数据，人们很容易得出结论：匈牙利
并非一个举足轻重的国家。

但事实并非如此！毕竟，我们国家的真正价值，
并非在于国土面积和人口规模，而是深深植根于匈
牙利人民。举例来说，诺贝尔奖获得者的方面，纯
粹就数量而言，匈牙利在这个榜单位列第 15，综合

其人口规模考量，位居第 11。然而，匈牙利人不仅在学术上表现出色，更以成为世界上最安全的 15 个国家之一而享誉全球。[4]

在体育事业方面，匈牙利运动员获得的奥运奖牌（包括金牌、银牌、铜牌）总数跻身世界第 13 位。在经济领域，匈牙利同样一路向前，以卓越才能与辛勤努力来谋取利益。匈牙利已跃升至全球第 12 大开放经济体之列，[5] 按名义出口量计算，匈牙利已是全球第 35 大出口国。[6] 我们坚信，匈牙利所拥有的珍贵之物价值远超国界，我们将这些独特的文化和成就展现给全球，尽管匈牙利只是一个拥有不足千万人口、面积不到 93000 平方千米的小国。

因此，可以说我们至少有可取之处。然而，仅仅依赖这些广为人知的优势来构建战略蓝图，未免显得过于片面和局限。接下来，我们将剖析以往遭遇的种种挑战以及所采取的应对策略，包括这些应对策略在当前形势下的影响。此外，我们将审视匈牙利的经济结构与社会结构，基于我们的研究结果，评估基于阵营的世界秩序在地理、文化和经济方面对匈牙利国家利益的影响程度。

注释

1. 根据国际标准化组织（ISO）1974 年公布的国家代码，匈牙利在 195 个国家中的排名（WHO，2021）。

2. CIA，2023.

3. Global Fire Power，2023.

4. 该排名经盖洛普公司发布的"全球有组织犯罪指数"（the Global Organized Crime Index）与《全球法律与秩序报告》（*Global Law and Order Report*）的数据加权后得出（Zaidi，2023）。

5. IBRD，2023b.

6. IBRD，2022.

第一节　依附的匈牙利从来不是成功的匈牙利——依附桎梏下的经济扭曲

如果将国家的联合力量汇聚起来，统一合作，会带来多大的力量和优势。

亚诺什·阿斯博特（János Asbóth）

设想一个日常生活场景：比如，我们去咨询一位生活方式顾问，期望他能为我们制定一套长期饮食规划，以帮助我们迈向更为健康、快乐、平衡的生活。人们向生活方式顾问求助的初衷大致如此。倘若在最糟情况下，顾问仅采用一套饮食模板应付所有顾客，即便不是营养师也能轻易察觉出这行不通。我们每个人都独一无二，因此理想的饮食方案也应因人而异。如果咨询师手中有五种标准化饮食，并根据我们的某些特征将我们归入某一饮食模式，然后再针对性地给出推荐，无疑将更为理想。因此，一位习惯锻炼的四十多岁女性与一位生活相对不活跃的退休男性，向他们推荐的饮食将有所不同。然而，我们必须正视一个事实：即便如此，饮食推荐很有可能难以契合我们的具体情况。那么最佳情况是，我们所选择的专家详细询问我们一系列问题，熟知我们的生活习惯、生活经历、到目前为止所经历的变化以及想要达成的目标，有些实验室测试也可适用。基于这些信息，顾问才可能给出更加个性化的建议。这个故事体现出所有情境伦理教学的精髓：普遍适用原则必须根据情境要求加以应用，这需要古希腊人所称的"实践性智慧"（Phronesis），即在实践中获得的智慧。这正是摆在我们面前的任务。

在匈牙利，这个承载着千年历史的中欧国家在第三个千年开篇之际，我们需要寻觅一种与其国情紧密贴合的政策。因此，首要之务便是了解匈牙利现状与历史，以便利用这些知识来制定目标。

在技术精英的语境中，我们正在探寻助力匈牙利实现赶超的方式。提及"迎头赶上"，或许带有一丝令人不快的含义，因为这可能意味着一个尚未赶上的国家在某种程度上不如它正在追赶的国家先进，甚至，恕我直言，没有它正在追赶的国家文明程度高。然而这绝非事实，因此，首先需明确"迎头赶上"绝非盲目模仿，舍弃个人身份，或者充满自卑情绪的代名词。事实上，"迎头赶上"只意味着一件事，即匈牙利能够为其公民创造与当今富裕国家相同或至少相近的繁荣水平。

匈牙利目前无法实现这一点，以及迫切的追赶需求，均根植于深远的历史背景之中。至少从"大航海时代"（Age of Discovery）伊始，东欧地区在经济层面便落后于西欧地区。[1]但是，就我们目前讨论的核心而言，更应聚焦于战后现代世界发生的事件。[2]1945年以后一段时期内，匈牙利被迫加入东方阵营（Eastern Bloc），这一选择并非出于匈牙利本身意愿，而是大国政治博弈划分欧洲的结果。匈牙利在不久后（最迟1956年）意识到，它并不愿加入东方阵营，但地缘政治利益的枷锁难以挣脱。纳入苏联利益范围意味着必须采用苏联的经济模式。到20世纪70年代以后，尤其是在1973年的石油危机以后，匈牙利对外贸易的特殊性导致即使是那些在全球市场有销路的产品，其利润也难以回流至匈牙利经济中。这种局面使得生产率和能源效率未能实现必要的提升，进而导致了东欧国家的发展滞后。不仅如此，鉴于持续提升的生活水平是匈牙利共产党合法性的基石，为维持不可持续的经济结构，匈牙利背负了巨额贷款。[3]正是在这种背景下，1989年至 1990 年间，中东欧国家掀起了一波政治变革。而此时的匈牙利，经济缺乏具竞争力的产品且深陷债务泥潭。在这种情况下，新政权的重要承诺之一就是提高匈牙利人民的生活水平，使之逐步接近发达国家水平。

尽管如此，1990 年后，匈牙利迎来了数十年或数百年来的首次契机，得以独立地掌握自己的命运。然而，这条道路的艰难程度远超想象，我们同时遭遇了多重挑战。匈牙利政治体制必须向新制度转变，但这主要涉及立法与机构改革，或许这是诸多任务中最容易的一环，但也绝非易事。所以不难理解 20 世纪 90 年代初，在匈牙利研究转型的政治科学风靡一时。[4]同时，经济结构的转型却是更为艰巨的挑战，一旦转向市场经济模式，当时匈牙利缺乏竞争力的经济体制的弊端就显露无遗，加之资金匮乏，使得情况难以改善。[5]这种进退两难的困境似乎让人无路可走。接下来，我们将展示匈牙利以何种途径摆脱了这一恶性循环。为此，我们比较了 2000 年、2010 年以及 2023 年的数据，以探寻匈牙利在哪些领域取得了重大进展，这种改善的方向也为我们未来的繁荣之路指明了方向。

一　重获独立的结果

此时，我们的任务与本章开头提到的营养师的任务不谋而合，我们必须评估现状、确立目标，并推荐一种饮食方案，以确保取得预期成效。因此，首要任务便是评估现状，提出行动计划。那么，我们取得了多少进展，匈牙利在多大程度上迎头赶上了呢？

二　形势评估：匈牙利经济的复杂性

所谓的经济复杂性指数（以下简称 ECI）是一个基于 3 个标准[6]对国家进行排名的综合指标：国家出口产品的多样性程度、有多少国家出口同类产品（产品的独特性程度）、出口产品的复杂度。2000年，匈牙利在 ECI 中居第 23 位，但在此后取得了长足进步，到 2021 年已跃升至第 11 位。这表明，多年来，匈牙利的出口结构日益多样化，能够向国际市场出口越来越多的高科技产品。相较于东欧邻国，匈牙利也处于有利地位。在 ECI 排名中，捷克共和国居第 6 位，波兰居第 25 位，斯洛伐克居第 12 位。

这充分表明，经济日益复杂化是东欧地区的一个趋势，东欧各国一致期望增强其经济复杂程度，以巩固提升自身地位。因此，匈牙利在经济复杂度上超越希腊或西班牙绝非偶然。事实上，与欧盟的平均水平相比，匈牙利的总体发展水平已超越或即将超越这些国家，这得益于匈牙利的出口导向型经济战略的成功实施，以及出口产品的技术水平的显著提升，使得匈牙利在国际竞争中脱颖而出。经济复杂指数是分析经济发展和了解国际竞争力的重要工具，拥有多样化的出口结构和大量高科技产品推动了经济增长，助力了经济稳定。在我们当前经历的全球经济面临诸多挑战的背景下，保护和发展这一趋势至关重要。

三　形势评估：匈牙利经济以出口为导向

要了解当前处境，就必须牢记我们所拥有的资源。尽管历史上曾有过资源丰饶的时期，但如今匈牙利在自然资源方面相对匮乏。此外，匈牙利在国土面积以及人口数量方面亦不占优势：两者均低于欧洲平均水平，且许多欧洲国家在这两方面优势显著。因此，要实现繁荣，我们必须依靠智慧，依托匈牙利人民的聪明才智、独创能力与勤奋工作。用经济语言来说，这意味着我们必须推进开放经济，进口生产本国产品所需的原材料并出口高附加值商品（这就是匈牙利人民的勤奋与智慧所在）。这就解释了为何在 21 世纪第一个十年，匈牙利经济的重点转向了这一方向。

抛开避税天堂与微型国家不讲，匈牙利已跻身目前全球最开放的经济体之列。[7] 这一地位主要根据其出口在国内生产总值所占比例判断出的，匈牙利这一比例达到了 90%。过去二十年里，匈牙利逐渐转向出口导向的经济模式。[8] 回溯至 2000 年，其出口占据国内生产总值的比例仅为 67%。同时，这种出口导向的经济模式显然也推动了国内生产总值的增长，多个消费指数证明了这一点。根据数据显示，2022 年，出口对匈牙利经济增长贡献最为显著。[9]

所有这些都表明，匈牙利经济发展与增长和其出口活力密切相关。这种以出口为导向的战略为匈牙利经济产业铺设了通往更广阔国际市场的道路，使其产品与服务得以在全球范围内销售，进而提升了经济效益。与此同时，此类依赖性也暗含风险，因为依赖出口的经济自身对于外国市场变化及世界经济波动更加敏感。应对市场突变与波动的最佳解药就是建立多个支柱上的出口导向型经济。也就是说，匈牙利经济的复杂性就是对抗此风险的最有效对策。

四　形势评估：外商直接投资持续增长

匈牙利的经济模式，即开放、复杂、出口与投资驱动，主要是在 1990 年后发展出来的。东欧地区每个国家外商直接投资（以下简称 FDI）以及出口所占其国内生产总值（以下简称 GDP）的比例均高于欧盟平均水平，[10] 但各国的经济模式存在显著差异。例如，就经济地理位置而言，捷克共和国经常被称为德国的第 17 个联邦州。初看之下，这种说法略带贬义，但宏观经济数据似乎支持这一说法：捷克经济主要以机械制造和汽车工业为主，与德国的价值链整合程度很高。[11] 此外，捷克工业体系复杂程度也比匈牙利要高。[12] 而波兰坐拥 2800 万人口的庞大国内市场，对 GDP 的贡献比例高达 60%，比匈牙利和捷克共和国高出了 10 个百分点以上。[13] 斯洛伐克的经济模式可能与匈牙利最为接近，但这个北方邻国近年来在维谢格拉德（Visegrád）集团中展现出的经济活力最低。

综合考虑所有这些特点，在东欧地区的比较中，匈牙利 FDI 占 GDP 的比重达到了 59%，仅次于捷克共和国。而捷克共和国以高达 70% 的比例领跑，拥有更高的运营资金储备。[14] 此外，尽管去年面临着诸多经济难题，匈牙利还是吸引了东欧地区最高水平的外商直接投资，占据其 GDP 的 4.8%，这也超过了欧盟平均水平。[15]

五　形势评估：匈牙利经济具有创新性

日益复杂的经济形势必须与提高创新能力齐头并进。毕竟除了保持出口产品的丰富性，能够生产出世界少有的产品，即保持出口产品独特性也很有必要，这离不开卓越创新能力的支撑。

就创新能力而言，在过去十年中，匈牙利从欧盟排名中靠后的倒数第 3 位奋力跻身中游。就研发支出占其 GDP 份额而言，匈牙利现已超越了意大利、希腊、西班牙等一些欧洲国家。[16] 过去 12 年里，其专利注册数量增长了两倍多，2021 年年底，有效专利的数量已经达到近 35000 项。[17] 尽管 2000—2010 年这十年只是从 11000 项增长到了 13000—

14000 项，几乎没有出现过大幅增长，但这些成果
依然瞩目。[18] 匈牙利将大学与学院视为战略创新领
域，这也对过去 13 年中取得的成功贡献良多：2022
年，匈牙利在高等教育上的投入高达 GDP 的 2%。[19]
自 1990 年起，匈牙利的平均教育年限达到了前所未有
的高度。这一成果在 2021 年的数据中得到了充分体现，
就人口中受过初等以上教育的比例而言，匈牙利在欧
盟国家中位列第 10，同时，匈牙利获得大学学历的人
数在过去十几年中实现了将近 10% 的增长。[20]

　　这些积极发展在匈牙利经济行为体的业绩上也
有所体现。过去 10 年中，匈牙利国有企业业绩显著
提升。相较于 2010 年，匈牙利国有企业与公司已
占投资总额的一半以上，其销售收入也是如此。而
在 2010 年，外资企业占据了大部分的投资以及销售
收入。[21]

　　特别需要关注中小型企业，这些企业大多数为
匈牙利人所有。正如奥地利实例证明，这些企业极
有可能成为被雪藏的未来冠军企业，在欧洲的利基
市场展现出开创性能力。[22] 过去十年中，匈牙利的中
小企业发展显著，在地区和欧盟市场势头强劲。[23] 如
今，匈牙利中小企业成为最大的就业市场，雇用了
70% 的劳动力，大致比欧盟平均水平高出 6 个百分

点，仅次于斯洛伐克。与我们的北邻一样，匈牙利的中小企业贡献了超过一半的商业附加值，这一数值比欧盟平均水平高出近 5 个百分点。过去 10 年中，匈牙利中小企业提高了其投资份额，目前这一比例已超过了 37%。[24]

六　成果：匈牙利表现从未如此出色，迎头赶上指日可待

匈牙利这一出口导向、创新驱动的复杂经济模式成效显著。数据有力地证实了这一点。按名义价值计算，匈牙利 2010 年国内生产总值为 27 万亿福林，2022 年已跃升至 66 万亿福林，而根据 2023 年的趋势，不久将有可能达到 80 万亿福林。也就是说，在不到 15 年的时间内，匈牙利的经济规模增长了近两倍。但这也提出了一个问题，即我们是否已实现了设定的目标：我们是否已经赶上了发达国家？

为评估匈牙利经济的增长潜力，我们需将目光聚焦于另一个指标，即与欧盟平均发展水平相比，按购买力平价计算的人均 GDP 的增长状况。2010 年，匈牙利人均 GDP（按购买力平价计算）仅为欧盟平均水平的 66%，到 2022 年，这一比例上升至 77%。[25]

这意味着在短短十余年内，匈牙利的人均 GDP 就向欧盟平均发展水平接近了 11 个百分点，成为地区发展最快的国家之一。不仅如此，匈牙利人均 GDP（按购买力平价计算）超过了 1981 年加入欧盟的希腊和 1986 年加入欧盟的葡萄牙。从历史维度审视这些经济趋同，不难发现趋同程度与执政表现密切相关。从宏观经济视角来看，匈牙利似乎遵循了与地区内国家相似的增长路径，因为捷克、波兰、斯洛伐克的平均增长率也大致为 10%。[26] 唯一例外的是罗马尼亚，它起点更低，追赶的步伐也更快，尽管对其发展的评估仍存在争议。[27] 然而，匈牙利的经济增长在不同时期的分布并不稳定。在第一届欧尔班政府任期（1998—2002），匈牙利在其领导下，经济增长明显落后于该地区其他国家。直至第三届欧尔班政府任期内，即 2014 年以后，匈牙利才恢复了第一届欧尔班政府的增长潜力甚至实现了超越。在八年消耗之后，匈牙利又花了四年时间整顿经济，才重新与区域伙伴站在了同一水平线上。[28]

七　成果：减税、社会指标改善

我们可以说，这一切都很好。但匈牙利的经济增长是否仅仅体现于众多的经济数据中，还是它也实实在在地改变了国民的日常生活呢？也就是说，经济效能改善、复杂度增强、创新水平提高，是否改善了匈牙利的情况呢？我们相信，变化体现在诸多方面。其中一个显著的例子为税收体系已变得更为简洁高效，更重要的是，税收负担得到了实质性的减轻。

近年来，所谓的税收楔子〔国家通过税收和社保缴费，从总劳动力成本（包括毛工资和雇主支付的部分）中扣除的比例〕和税负分布格局发生了重大积极变化。在 2000 年，这一比例高达 54% 以上，但到了 2022 年，该比例已降至 41%。2013 年，匈牙利实施了 16%[29] 的单一税率个人所得税制度，2016 年税率进一步降至 15%，同时社保缴费也有所减少。这一转变使得税收负担从劳动收入转向了消费支出领域。[30]

匈牙利税收体系成功实现了改革。2008 年，间接税占税收收入的比例约为 16%，但到 2020 年这一比例已提高到 18%。与此同时，直接对劳动力征收的所得税，如个人所得税，已经从 10% 降至 7% 以下。[31] 这种税收体系的转变体现了"不增税，只收税"的原则。匈牙利在这方面表现出色，增值税（VAT）

差额（可征收增值税与已征收增值税之间的差额）
仅为 5%，使其成为欧洲表现最佳的国家之一。[32]
在匈牙利，家庭支持政策在税收体系中发挥着举足
轻重的作用。政府为多个收入阶层提供了各种税收
减免与豁免政策。25 岁以下年轻人免缴社保费用，
以帮助他们更好地就业。30 岁以下有子女的女性可
享受额外的所得税减免，以鼓励生育以及组建家庭。
孩子出生后，还可享受额外的税收优惠。

税收体制的转变以及减免政策的实施，对经济
与社会均产生了积极影响。税收楔子降低有效促进
了经济增长，而将税收负担从劳动收入转向消费支
出，提高了竞争力，同时减轻了社会特定群体的负
担。对家庭的扶持不仅有助于改善人口结构，同时
也减轻了家庭的经济负担。

当然，这些措施及其成效的意义并不在其本身。
它们的目标是创造一个有利于改善匈牙利人民整体
生活水平（包括经济方面）的监管环境，这是衡量
税收改革和鼓励生育政策是否成功的标准。现在，
答案显然是明确的"是"，与此同时，中产阶级的规
模也在加速扩大。在这一背景下，一个重要社会指
标就是有可能陷入贫困的人口数量。匈牙利在防止
贫困方面表现卓越，在欧盟国家中稳居前十。[33] 犯

罪率也是重要评估标准之一，因为它既体现出国家机构效能，又间接反映了匈牙利人民的经济状况。此外，低犯罪率和高安全感是安全、可预测生活环境的关键。令人欣慰的是，匈牙利只有 5% 的人口是犯罪（任何形式）的受害者，相较于十年前降低了 50%，使得匈牙利成为欧盟第五安全的国家。[34]

　　改善的经济、社会和公共安全指标只是其中的几个面。在匈牙利，自奥匈帝国君主制时代以来，人们或许从未有过如此充裕的时光，去享受休闲时光、丰富文化生活以及开展娱乐活动。十年间，匈牙利的文化支出几乎翻了三番，体育支出更是增长了十多倍。[35] 从欧盟的角度来看，匈牙利在文化和体育公共服务的投入，占国内生产总值的比例已达到最高水平。过去十年中，[36] 教育支出增长了约 35%，年轻人当中拥有高等教育学历的人数也呈现出瞩目的增长态势。2000 年，25—34 岁年龄段的人中，[37] 高等教育学历持有者不足 15%，但是到 2022 年，这一比例跃升至将近 32%。[38] 2010—2022 年，匈牙利酒店营业额（包括国内外游客的消费）增长了 63%。[39] 世界范围内，旅游业无疑是受新冠疫情影响最大的行业之一，匈牙利人民出国旅行的次数也因此减少，若以疫情前的最后一个"平稳年"即 2019 年为参照，与 2010 年相比，匈牙利人民的境外停留天数增加了约 50%。[40] 与此同时，匈牙利电影产业也迅速发展，迅速成长为一个价值 6.5 亿美元的行业。[41]

八 成果：失业率降低，人口指标改善

近年来，匈牙利人口与就业数据呈积极发展态势，这主要得益于经济的稳健增长与税制改革。就业状况也发展迅猛，2022 年，全国 15—74 岁人群的失业率降至 20 年来的最低点，仅为 3.4%，[42] 尤其是年轻人口的失业率已降至 10%，达到了 20 年来的最低点。同时，就业率大幅攀升至 74%，创下了过去 20 年来的最高纪录。[43] 这一数据表明在匈牙利，越来越多的人能够在就业市场找到工作，这无疑为国家的经济繁荣与社会稳定[44] 起到了积极作用。

生育意愿也是传统上衡量深层次社会发展动向的一个重要指标。一个显著的事实是，自 20 世纪 60 年代起，匈牙利生育率经历了长时间的下降，但在 2014 年迎来了拐点，开始反弹。此后，生育率得到改善。到 2021 年，相关数据上升至 1.59，该数据表示女性一生中平均生育孩子的数量。自 19 世纪

70 年代起[45]，结婚率开始呈现持续下滑趋势，但也在 2013 年开始反弹。[46] 此类趋势反映出近年来公众对于社会价值观以及家庭观念的深刻转变。另一个积极的现象是离婚率的下降，2001 年有约 24000 对夫妻离婚，而到 2022 年，这一数字已降低至 18000 对以下。

九　这一切会带来什么后果？匈牙利可以为自己设定哪些现实目标？

因此，我们所设想的那位营养师指导的客户，自觉遵循了健康饮食原则，如今的健康状况比 20 年前更佳。因此，真正改变生活方式的道路已然敞开，这意味着对匈牙利来说，迎头赶上并非天方夜谭。然而，我们不能心存幻想，认为这一切会自然而然发生。变革尚未成功，我们仍须努力。但仍须审视我们已在哪些方面取得了成功，哪些方面可以进一步优化，哪些只是浅尝辄止以及哪些领域亟待改进。幸运的是，上述数据和进程在某种程度上为我们指明了方向。

无论如何，从上述情况可以看出，以出口为导向的开放经济模型在匈牙利行之有效。若管理得当，匈牙利经济就能够实现增长与创新，创造独立的附加值，所有匈牙利人都能从盈余产品中受益，这是个好消息。因此，我们似乎已经摆脱了世界银行定义的"中等收入陷阱"，无疑也是积极的信号。但是若我们认为这种有利局面已经定型，或者我们可以安于现状，那就大错特错了。

当匈牙利人民与匈牙利政治体系踏上新的发展之路时，当初所设想的未来与我们今日所见并非完全一致。尽管如此，我们可以实事求是地说，我们与我们所设想的世界更接近了。匈牙利现在商品与服务的品质与种类本质上与西方国家相差无几。我们可享受旅行自由，不受限于审查制度，信息唾手可得，就业机会充裕，工资水平亦在稳步上升，匈牙利学生能自由申请世界各地的学校。尽管如此，我们内心深处仍感觉到，我们还未抵达理想的彼岸，还未达到我们所梦寐以求的发展水平。

有两个指标反映出了不满情绪。第一，匈牙利当前经济发展水平约达到了欧盟平均水平的77%，而奥地利则达到了125%。匈牙利平均收入与那些发展程度更高或更早加入欧盟的国家相比仍有差距。如今，我们仿佛置身于童话故事中的三岔路口，我们要么奋勇向前，要么保持现状，要么面临倒退。

正是这种想法让关心匈牙利未来的人倍感不安。

第二，发展方面的数据进一步加剧了我们的担忧。因为正如我们所见，确有国家从发达国家行列中滑落，也确有国家陷入世界银行所称的"中等收入陷阱"之中。此外，我们还需考虑国际排名的局限性：如果评价标准不够细致怎么办？如果中等发达国家与发达国家之间实际存在着差距，而匈牙利正处于这种中间状态之中呢？

这些都是令人关切的问题。因此，未来几年的任务就是让匈牙利摆脱这一类别，该类别在世界银行标准中尚未界定，处于中等发达与发达之间。换句话说，让我们在这个三岔路口中选择一条向上的道路，避免陷入停滞或倒退。

注释

1. Acemoğlu-Johnson-Robinson, 2005.

2. 匈牙利因《特里亚农条约》损失惨重。将以前属于匈牙利王室的领土考虑在内，匈牙利失去了71%的领土与64%的人口。截至1920年发现的原油与天然气田，连同当时已建成的炼油厂，全部位于新边界之外。尽管超过70%的黑煤仍在《特里亚农条约》后的匈牙利境内，但匈牙利只保留了约17%的铁矿石控制权，严重削弱了

匈牙利冶金工业能力，产能减半。80% 的机械制造能力
也流失于新边界之外，而化工与食品行业的一半也流向
了继承国（KSH，1938）。

3. 卡达尔时代的经济政策存在根本性缺陷，远非仅
限于社会主义式的计划经济模式。在匈牙利社会主义时
期，一些产品例如维迪通（Videoton）工厂的产出、制
药和化工行业，以及农业食品工业综合体，可以在西方
市场上出售，换取对匈牙利经济至关重要的可兑换货币。
然而，卡达尔时期政府并未将这些利润投资于国民经济
的技术现代化，而是将利润部分用于无法维持盈利的企
业，另一部分则流向了对西方共产党（Borvendég，2017）
的支持。这一切在当时的苏联卫星国家（指苏联政府统
治下的东欧国家）看来是责无旁贷的。因此匈牙利从 20
世纪 70 年代开始大量借款，这种借款在当时是出于合理
考量。随着经济互助委员会（COMECON）的运作发生
变化，匈牙利工业出口的畅销品变得不再受欢迎，导致
对外贸易平衡逆转。同时，油价暴涨和进口价格的上涨
更是火上浇油（Szalai，2022）。合乎逻辑的对策是增加对
西方的出口，这就需要投资和购买技术，进而需要贷款。
这些贷款是以大幅升值的货币发放的（Szabó，2016），如
美元。这意味着还款时需要支付更多的本币。仅有很小
一部分贷款（约占总额的 7% 或 8%）用于对出口产业的
投资（Cseszka，2008）。因此，不难理解尽管借贷数额巨
大（Kaser-Nötel，1986），但包括匈牙利在内的独联体国家

在西方市场的份额却大幅下降，其国内生产总值开始逐年下降（Germuska, 2014）。

4. 转型学起源于对20世纪70年代拉丁美洲政治和宪法体系的深入探讨。1989—1990年中东欧转型研究的著作都是建立在20年之前的文献基础上，这并不出人意料。丹克瓦特·鲁斯托（Dankwart Rustow）曾对一部转型学研究的经典著作做出专业评论，也体现出这一点，鲁斯托提出的民主过渡模型（Rustow, 1970）被大多数学者作为类比参考。鲁斯托的理论框架对亨廷顿的匈牙利同行们也产生了深远影响。但是，该领域出现仅十年后，对转型政治学的尖锐批评便浮现出来。这些批评主要指出该学科的解释空间过于狭窄，过度追求目的论，并且忽视了民族特性。罗瑟斯（Carothers）作为该领域最重要的批评者之一，指出转型政治学为那些处于体制变革中的国家制定了一系列任务清单，如果这些国家不能完成清单上的某个任务，那么它们的民主转型就被视为失败（Carothers, 2002）。目前流行的"民主衰退"模型，同样源于转型政治学，也面临着相似的批评。（Cianetti-Hanley, 2020；Csizmadia, 2019；Körösényi-Illés- Gyulai, 2020）。

5. Botos, 2003; Schweitzer, 2002; Bélyácz, 1993; Ligeti, 2010.

6. 经济复杂性图谱（The Atlas of Economic Complexity, 2023）。

7. World Bank，2023b.

8. World Bank，2023b.

9. CSO，2023j.

10. OECD，2023.

11. 尽管德国在该地区中是至关重要的贸易伙伴，然而，捷克共和国与德国市场的出口和进口贸易额却显著超出这一比例，呈现出更为紧密的经贸联系（OECD，2022）。

12. 捷克工业在奥匈帝国工业生产占比高达近45%（Klein-Schulze-Vonyó，2017），这一工业综合体在第二次世界大战结束时依然基本保持完好。

13. Eurostat，2023a.

14. OECD，2023b.

15. OECD，2023c.

16. Eurostat，2023k.

17. CSO，2023g.

18. CSO，2023g.

19. Kormány. hu，2022.

20. Eurostat，2023d；Eurostat，2023e.

21. CSO，2020.

22. Hausmann，2020.

23. European Commission，2023b.

24. CSO，2021.

25. Eurostat，2023h.

26. 根据欧盟统计局数据自行计算得出（Eurostat, 2022a）.

27. 一方面，罗马尼亚的经济历史轨迹尤为引人注目。在20世纪90年代初期，它选择了一条与众不同的经济道路，并未立即实施全面的市场开放和自由化，而是采取了自给自足的经济模式。在此期间，许多旧时期的国有重工业企业依旧存在，它们依赖于直接的预算支持来维持运营，导致外债激增，一度达到国内生产总值的13%。然而，随着时间的推移，罗马尼亚政府决定追随匈牙利政府在2002年后采纳的新经济政策，为经济带来显著的转变（Rosu, 2020）。另一方面，罗马尼亚近年来的经济追赶成效显著。2020年，按购买力平价计算的人均GDP已攀升至欧盟平均水平的77%，与匈牙利和葡萄牙等经济体比肩。为重塑经济格局，罗马尼亚政府将减少国债作为重要举措之一。值得一提的是，匈牙利自采纳基本法以来，已将国债规则纳入宪法，确保国债不超过GDP的50%。这一举措促使匈牙利在2010—2019年成功将国债从80%降至65%，尽管新冠疫情带来的经济冲击曾短暂推高了公共债务水平，但自2021年起，这一比例已呈现下降趋势（Eurostat, 2023i）。从经济和金融主权的视角来看，国债的内部结构同样至关重要。从2010年的近一半国债为外币债务，到2023年仅四分之一为外币债务，这反映出国债在多大程度上由本国人民持有，罗马尼亚在债务管理方面取得了显著成就。在欧盟范围内，匈牙利尤为突出，其政府债券中高达 21% 为公众所持有，这不仅减少了对外国机构投资者的依赖，还通过支付利息改善了本国家庭收入状况，实现了金融资源向经济的有效再分配（Eurostat，2023j）。

28. 在追求经济掌控力的道路上，减少国家债务是一项核心任务。特别值得注意的是，自从匈牙利基本法实施以来，国债规则已正式写入宪法。根据这一修正案，议会不得批准任何可能使国家债务超过 50% 的 GDP 的预案。当债务超过这一阈值时，任何预算案都需附带降低债务至 GDP 合理比例的计划（详见基本法第 36 条）。基于这一框架，匈牙利成功地将 2010 年高达 80% 的债务水平降低至 2019 年的 65%，这一成就发生在新冠疫情引发的经济危机之前。尽管为缓解新冠疫情带来的经济冲击而采取的财政刺激措施暂时推高了公共债务（这一措施遵循欧盟策略并临时搁置了马斯特里赫特标准），但并未导致趋势逆转。自 2021 年以来，公共债务比例已开始稳步下降（Eurostat，2023i）。从经济和金融主权的视角审视，国债的内部结构同样重要。2010 年，匈牙利近半的国债以外币形式存在，而到了 2023 年，这一比例已降低至四分之一（ÁKK，2023）。这反映了国债持有者结构的转变，即国债在更大程度上由本国人民持有。在欧盟范围内，匈牙利政府债券在公众手中的比例最高，达到 21%，这不仅降低了对外国机构投资者的依赖，还通过支付给公众的利息改善了家庭收入状况，从而将财务资源重新注入经济当中（Eurostat，2023j）。

29. OECD，2023e.

30. European Commission，2022a.

31. European Commission，2022a.

32. European Commission，2022a.

33. Eurostat，2023b. 欧盟官方对能源价格的稳定措施以及公用事业账单的削减，在提升民众生活水平，特别是低收入、中低收入及中等收入群体的生活水平上起到了关键作用。在 2010 年，人均住房维护和家庭能源开支占据了总支出的25%，但最新数据显示，到了 2020 年，这一比重显著下降至18.5%。这一降低的趋势影响了各个收入群体，但对于部分群体而言，这些支出减少的百分比显得尤为显著。凸显了引入固定住宅能源价格的社会政策项目对中产阶级的积极影响，并对低收入群体的财务状况产生了最大的改善效果（KSH，2023h）。值得一提的是，即使在能源危机的大环境下，匈牙利的电力和天然气价格依然维持在最低水平（MEKH，2023）。这些举措无疑为匈牙利民众带来了实实在在的经济利益和生活质量提升。

34. 在当下不断演变的安全环境中，确保公共安全、捍卫国家边境以及有效组织军事防御任务已成为一个国家不可或缺且至关重要的能力（Zaidi，2023）。自 2015 年起，匈牙利便成为欧洲移民压力的前沿阵地之一。根据欧洲边境与海岸警卫局（Frontex）的数据，2022 年，几

乎一半的欧洲非法边境越界事件都发生在匈牙利所处的
西巴尔干走廊区域，2022 年记录的 145000 次非法入境更
是自 2015 年以来的最高水平（Frontex，2023）。鉴于这
些安全风险以及大规模非法移民带来的潜在威胁，匈牙
利通过构建技术和法律边界防线来强化其边境保护系统，
截至目前，政府已在此领域投入高达 6500 亿匈牙利福林。
在变化的安全环境中不容忽视的因素是国际政治中的地
区冲突。为了应对潜在的威胁，匈牙利在冲突爆发前的
几年里便开始大力发展武装力量。这一进程始于 2017 年
宣布的 "Zrínyi 2026" 计划，旨在推动现代匈牙利武装
力量的全面升级。2010—2022 年，匈牙利国防开支几乎
增长了四倍，今年匈牙利将满足北约关于国防开支应占
GDP 2% 的要求（今年仅有九个北约成员国，包括匈牙利
在内，将达到这一标准）。此外，匈牙利军事工业复合体
的生产与发展能力也在不断提升，为国家安全提供了坚
实的物质和技术支撑。

35. CSO，2023a；Eurostat，2022.

36. Eurostat，2021.

37. CSO，2023c.

38. CSO，2023i.

39. CSO，2023c.

40. CSO，2023e.

41. Vourlias，2022.

42. ILO，2023a.

43. ILO, 2023.

44. 2010 年，匈牙利的就业率较德国低出 10 个百分点，然而到了 2022 年，这一显著的差距已大幅缩小至仅 2 个百分点。在全球范围内的比较中，尽管数据仅可追溯至 2013 年，但已足够揭示趋势：当时，匈牙利与诸如波斯尼亚和黑塞哥维那、多米尼加及摩尔多瓦等历史发展较为坎坷的国家处于相似水平。令人振奋的是，今日匈牙利的表现已跃升至超过欧盟平均水平的地位（ILO，2023）。从具体数字来看，匈牙利的就业增长更是一目了然：2010 年，匈牙利仅有 380 万就业人口，而到了 2022 年，这一数字飙升至 470 万，短短十二年间创造了近 100 万个新的工作岗位（KSH，2023）。鉴于当前劳动力市场的紧张状况及几乎充分就业的现状，我们国家当前面临的最大挑战已不再是失业问题，而是如何应对劳动力短缺的严峻形势。

45. CSO, 2023b.

46. 自 2010 年以来，匈牙利结婚率实现了增长，如今有高达 70% 的孩子诞生在已婚家庭中，相较于 2010 年的 59%，这一数字有了显著的提升。

第二节　发展之路：如何衡量国家的发展，发展指数告诉我们什么？

铁路百条，铁路千条！建造，建造！让全世界汇聚，如同血液流经血管。

山陀尔·裴多菲（Sándor Petőfi）

大多数国际发展排名中，无论是从收入水平还是经济表现来看，匈牙利都被归类为发达国家。然而，这些排名并非十分精确。发达国家之间可能存在显著差异，而低收入国家和中等收入国家在整体发展水平上可能相距不远。因此，可以合理地怀疑"发达国家类别有待进一步细分"。除了考虑进一步细分的可能性之外，还有令人担忧的迹象表明，若想从高收入国家的较低层次晋升至顶尖层次，其难度非同小可，仿佛在这个无形的类别中暗藏圈套，其性质颇似广为人知的"中等收入陷阱"。有鉴于此，我们将深入剖析匈牙利的发展指标，探讨中等发达国家面临的重重挑战，并提出相应的解决策略。随后，我们将把这些策略与匈牙利当前的发展阶段相结合，进行具体的分析与讨论。

一　匈牙利的发展

　　衡量一个国家的发展水平，可以从多个关键指标进行分析。[1] 以匈牙利为例，一个重要的指标是其发展水平与欧盟平均水平的对比，通常基于 GDP 进行计算。世界银行提供了一个广泛使用的分类体系，该体系基于人均国民总收入（以下简称 GNI），将国家划分为四大类：[2] 人均收入超过 13205 美元（不包括 13205 美元）的为高收入国家，人均收入为 4256—13205 美元的为中上收入国家，人均收入 1086—4256 美元（不包括 4256 美元）的为中下收入国家，而人均收入低于 1086 美元（不包括 1086 美元）的为低收入国家。根据这一标准，匈牙利人均年收入达到 19000 美元，显然属于高收入国家。[3] 2008 年，匈牙利人均年收入达到 13000 美元，当时正值国际金融危机，到 2010 年，席卷欧洲的危机不可避免地侵蚀了匈牙利的部分财富。2010—2021 年，匈牙利的人均国民收入增长了约 25%。就地区而言，波兰的增幅为 24%，曾被视为匈牙利经济典范的捷克共和国为 21%，斯洛伐克为 15%。[4]

另一个享有盛誉的国际组织——国际货币基金
组织（IMF），将世界各国经济体划分为三大类：发
达经济体、新兴中等收入经济体和发展中低收入经
济体。不过，在确定收入类别时，国际货币基金组
织不仅参考人均国民总收入，还综合考虑了预算状
况、对外贸易和公共债务等多项经济指标。[5] 联合国
（UN）也以世界银行的数据为基础，但除人均国民
总收入外，还考量了该国是能源出口国还是进口国
以及其 GDP 增长率。[6] 国际货币基金组织将匈牙利
归类为新兴中等收入国家，而联合国则将其列为发
达国家。

二 乍看之下，似乎一切正常，但匈牙利仍远远落后于真正的发达国家：我们需要更细致的衡量标准

仅仅观察上述分类和数据，读者可能会误以为
我们面临的挑战并不严峻，因为所有现有的评估体
系都将匈牙利列为高收入发达国家。

但仔细分析会发现，这些评估体系本身存在偏
见。试想，最低收入类别包括人均收入低于 1000 美

元的国家，而任何人均收入超过 13000 美元的国家都被视为高收入国家。

至于那些人均国民总收入最高的国家，以卢森堡为例，其人均国民总收入高达 120000 美元，虽然属于极端情况，但如果我们将衡量标准设定在 0—130000 美元，那么底部 10% 的国家将构成最低的三个类别，而顶部 90% 的国家则会形成一个单一的类别。为了避免仅讨论极端情况，我们来看一些比卢森堡更具代表性的国家，比如说，G7 国家的人均 GNI 平均为 54000 美元。这比匈牙利的水平高出约 35000 美元，而最低收入类别的上限比匈牙利的水平低约 18000 美元。由于存在这样不成比例的收入现状，可见，即使是最常被引用和广泛使用的标准，也无法准确反映出我们与 G7 国家之间的实际差距。[7]

当然，本书无意在此为世界银行开发一种新方法，以更精确地反映各国之间的差异，如果我们尝试对高收入国家进行粗略划分，即从官方高收入国家的下限（13000 美元）到 G7 平均值（55000 美元）来划分，我们可能会选择以人均国民总收入 40000 美元（按购买力平价计算）作为合理的分界点，从而定义所谓的高收入国家精英俱乐部。[8]

事实上，对这些标准划分不均的怀疑不无道理，因为一些国家的确从高收入水平退回到中等发展水平。正如一个国家可以通过提升发展水平摆脱"中等收入陷阱"，同样也可能再次陷入"中等收入陷阱"。1960—2022年，阿根廷、巴西和委内瑞拉等国就经历了这样的过程。在2010年前后，这三个国家的人均国民总收入达到了高收入国家的标准，但在下半期，它们又被排除在外。[9]同时，我们尚未发现任何人均国民总收入超过40000美元的国家退回到较低类别。

换言之，确实存在这样一个中间层级，但身处此层级的国家更易面临倒退、停滞，甚至陷入困境难以自拔。因此，匈牙利必须积极应对，避免陷入泥沼。好在这样的陷阱是可以避免的。毕竟年收入在4000—13000美元的国家也面临所谓的中等收入陷阱。与匈牙利可能面对的高收入国家陷阱相比，关于"中等收入陷阱"的研究已经相当深入，其研究成果也可以为年均国民总收入达到19000美元的国家提供避免陷阱的有效策略。

三　何谓"中等收入陷阱"？

"中等收入陷阱"的定义并非始终一致，这使得

问题变得更加复杂。这些定义至少可以分为三类，[10]
我们可以从政治、功能和经济角度来理解这个问
题。从政治角度看，陷阱在于国家领导层无法或不
愿意改变现有的制度和经济结构，导致低工资部门
长期占据主导地位。[11]从功能角度看，这一陷阱类
似于贫困陷阱，是一种自我延续的状态。[12]学者皮
埃尔·理查德·阿根诺（Pierre Richard Agenor）认
为，这种陷阱是一种有害的、次优但稳定的均衡状
态，即所谓的"坏均衡"。[13]从经济角度看，这一定
义可能最为精确，其本质是国家的人均 GDP（按购
买力平价计算）停滞在某一特定水平。

　　换个角度看，我们可以通过这些定义发现即将
陷入经济陷阱的预警信号。简而言之，这些信号包
括在人均 GDP 持续增长后，经济增速放缓或停滞。
也就是说，一个国家在初期能够实现 GDP 的持续增
长，但随后却失去了这种能力，导致经济陷入停滞。
这种现象并不罕见，事实上，更像是一种普遍规律。
当然，由于各国的经济和地理条件不同，这种比较
方式本身存在局限性。然而，以下事实很好地说明
了这一问题：根据多项研究，1960 年以来，在 60
个中等收入国家中，只有 13 个成功地摆脱了困境，
跻身发达国家行列。[14]

如此低的成功率不仅令人震惊，更使人担忧。成功脱困的国家寥寥无几，表明陷入"中等收入陷阱"比摆脱它更容易。这无疑警示我们，"中等收入陷阱"是一个亟待解决的现实问题。幸运的是，关于其持久性原因的理论研究已经有所进展。中等收入陷阱的定义多样，其成因也同样复杂多变。

四　如何避免陷入中等收入陷阱？

简而言之，从经济角度来看，中等收入陷阱可以被定义为一个过程：中等发达国家逐渐失去了相较欠发达国家的廉价和丰富劳动力的竞争优势，但未能在全球价值链中进一步提升地位。造成这种情况的原因有很多，例如：[15]

1. 生产力低下

2. 现有生产方法的边际收益递减

3. 人力资本培训不足或不当

4. 基础设施发展不足或维护不善

5. 信贷和金融服务获取不足

6. 创新能力低下

7. 商业环境不佳

8. 收入差距过大[16]

9. 政治机构薄弱

10 公共服务供给不足 [17]

从经济角度剖析，我们不难发现，当前的措施治标不治本。即便我们能洞察这些表象，真正的考验在于揭示其背后的根本动因，并寻找切实可行的解决方案。因此，解决中等发展陷阱的政治因素和制度因素必须两手抓。我们需要深思熟虑，探讨国家领导层应当采取何种策略，从而有效规避上述问题，并成功突破中等发达国家的"玻璃天花板"。这一问题之所以如此关键，是因为陷入中等收入陷阱的根本原因往往在于政治领导层未能有效变革国家的制度和经济结构，从而无法持续推动发展。

那么，政治领导层该如何应对这一挑战？国家应当积极重塑私营部门与公共部门之间的合作关系，承担起协调的角色，打破这一困境。[18] 这涉及纵向与横向两个层面的协调。横向协调，指的是政府需要在其内部各部门之间建立目标明确的合作关系，并提升与市场中各主体的有效协作能力。同时，必须引导市场主体认识到与政府紧密合作的重要性。而纵向协调，则要求国家必须在公共部门的各个层级强制实施新的制度改革方案。

此外，教育，尤其是改革高等教育，以更好地

符合市场需求，这点至关重要。特别是在研发领域，
这为国家经济在全球价值链中的提升创造了机会。
同时，国家领导层必须确保经济增长不会带来巨大
的收入差距，从而避免财富和收入不平等带来的不
稳定因素。因此，避免过早去工业化非常重要。[19]
然而，仅靠政府与私营部门的有效合作还不足以避
免中等收入陷阱，要避免中等收入陷阱，还需要广
泛的社会支持。因为经济增长需要公共和私营部门
的结构性变革，而缺乏广泛的社会支持会滋生阻力，
使实现目标变得困难重重。[20]

　　因此，除了这些要素外，值得一提的是中等收
入陷阱研究领域的顶尖学者霍米·卡拉斯（Homi
Kharas）和哈瑞尔达·考利（Harinder Kohli）的两
条标准。[21] 在他们看来，一个国家想要取得成功，
无须在所有方面都出类拔萃，但必须在某些经济领
域有所专长，确定关键的战略突破部门。尽管政府可
能有强烈的干预冲动，但国家协调应仅限于设定目标
和框架，将目标的具体实现交由私营部门负责。[22]

五　成功的现实案例

　　在讨论了理论层面后，研究一些现实中的成功

案例更具说服力。韩国、芬兰和爱尔兰是成功逃离
"中等收入陷阱"的典范。这些国家不仅证明了晋升
为高收入国家的可能性，还展示了多样化的实现路
径。这三个国家的经济发展模式各有千秋，它们依
托了不同的全球经济要素，并采取了不同的战略。

　　韩国的发展不仅依赖于出口和投资导向的经济
结构，还依靠积极的国家工业政策和工业发展模式。
1960—1980年，韩国实现了经济奇迹，使得诸如三
星等韩国企业走在全球技术前沿。但需要明确的是，
与流行的创业神话不同，韩国的这些领军企业并非
起源于微小的初创企业。像三星这样的公司，实际上
是建立在东西方外方投资的基础上，吸纳了来自日
本和美国的投资，并通过购买许可证进一步壮大。[23]
换句话说，在韩国企业能够自力更生之前，它们的
成功在很大程度上依赖于外部资本和技术转移。韩
国模式强调结构性变革，电子和IT等新兴技术产业
取代了传统产业，成为经济发展的重要推动力。这
一战略不仅吸引了外国资本，更保留了高素质的本
土劳动力，并激发了其创新能力。

　　芬兰的经济增长基于两个关键因素，即其在冷
战时期的积极中立政策以及经济结构调整。20世纪
50年代，芬兰经济主要依赖制造业，尤其是造船、

木材和化学工业，这些行业在当时能源消耗巨大。因此，20世纪70年代的石油危机对芬兰经济产生了重大冲击。然而芬兰的地缘政治优势使其避免了更严重的影响。芬兰与苏联之间的广泛贸易联系不仅为其制造业产品提供了市场，还使其能够以远低于全球市场的价格进口能源。[24]

韩国和芬兰的经济奇迹令人瞩目，但同样引人注目的是"凯尔特之虎"爱尔兰的经济腾飞。在爱尔兰经济奇迹时期，爱尔兰的经济增长不仅远远超过了欧盟的平均水平，还超越了英国、法国、德国和意大利等欧洲主要经济体。[25] 在这一时期，爱尔兰迅速追上欧盟平均水平，[26] 并成功摆脱了"中等收入陷阱"。[27] 爱尔兰模式成功的秘诀主要在于大幅的减税政策和大量地引入外资。[28] 从20世纪90年代中期开始，爱尔兰政府持续降低公司税，使外国直接投资占GDP的比重从1994年的1.5%跃升至2021年的16.1%。[29] 爱尔兰的经济增长战略主要依赖于外部因素，尤其是跨国公司，这些公司大多集中在服务业。[30] 这些公司为爱尔兰经济注入了高附加值，不仅在此设立分公司，更有多家公司选择将欧洲总部扎根于此。然而，这种高度全球化的现代爱尔兰经济模式，也使其极易受到外部冲击的影响。[31]

六 结论如何？没有外商直接投资、国家与市场的协调以及良好的经济和文化关系，终将寸步难行

根据那些成功逃离中等收入陷阱的国家的经验教训，我们需要反思匈牙利的现状。要摆脱"中等收入陷阱"，最重要的是国家必须进行彻底改革，并与市场参与者紧密合作。市场参与者之间的协调至关重要，是在国际舞台上取得成功的关键。我们需要确定战略领域，以期这些领域能够涌现出在国际市场上具有竞争力的国家冠军企业，从而刺激投资。

然而，国家的努力不能止步于此。我们必须确保源源不断的外资流入国内。迄今为止，没有任何一个国家在缺乏大量外来资本投入的情况下，实现了实际收入的显著增长。

除了上述内容外，国家在推动国内创新方面扮演着关键角色。加强高等教育机构与市场参与者之间的合作关系，不仅势在必行，并且至关重要。同时，国家也必须积极参与，确保货币市场和银行服务对所有人来说都触手可及，使公民能够轻松获取公共服务。尽管这些措施有助于刺激经济增长，提升收入水平，但也必须警惕收入差距可能扩大的问

题。此外，我们也要充分认识到工业的重要作用，工业不仅为社会提供稳定的收入来源，还为更广泛的经济崛起铺平了道路。若忽视工业生产的重要性，将危及社会广大群体的未来。正如我们稍后将看到的，这些政策和措施都巧妙地契合了旨在充分利用互联互通内在机会的战略。

注释

1. 不同国际组织由于标准定义的不一致，可能会将同一国家归类为不同的类别。例如，G7 作为发达的高收入国家群体始终占据一席之地，而匈牙利的经济分类却频繁变动。

2. Hamadeh-Van Rompaey-Metreau，2023.

3. World Bank，2023f.

4. 在人均收入以购买力平价计算的增长率方面，2010年之前的增长速度明显高于随后的十年。东欧和中欧地区在那个时期经历了普遍的快速发展，这可以归因于从计划经济向市场经济的转型、极低的经济起点（Fischer et al.，1996）以及 2004 年后欧盟发展基金的注入。这些结构性变化对经济体系产生了深远的影响，使得我们地区的经济增长超过了在此期间跃上世界经济舞台的"亚洲四小虎"，甚至超过了波罗的海国家（Leigh-Fabrizio-

Mody，2009）。此外，我们地区的国家在进行经济转型时，由于起点不同，不得不选择各自不同的经济和政治道路（Reti, 1995）。

5. IMF，2022.

6. UN，2022.

7. 世界银行的分类主要是从广义角度评估各国的相对发展水平。因此，可以得出一些普遍结论，例如大多数全球最贫困人口集中在低收入国家。然而，这种分类并没有考虑发展的其他方面，因此只能提供一个粗略的情况。印度就是一个很好的例子，根据世界银行的分类，印度属于中低收入国家，却拥有重要的独立太空计划。此外，上述研究还表明，一个国家被归入较高收入类别并不意味着它也取得了实质性的结构发展（Nielsen，2013；Vazquez-Sumner，2013）。

8. 值得注意的是，这一数值与维克托·欧尔班总理在2023年特兰西瓦尼亚图什万纽斯（Tusnádfürdő）演讲中为匈牙利指定的2030年目标大致吻合。

9. 值得注意的是，世界银行在2021年重新计算了各组别的临界值，并表示将根据通胀情况每年重新计算。此外，上述三个国家的人均国民总收入即使在它们被正式归入发达国家行列的短时期内也只是刚刚超过临界值。

10. Glawe-Wagner，2016.

11. 政治制度研究是一门比较学科，其目的是将特定的政治制度置于民主与独裁之间的某个位置。政治学在这两个端点之间确定了无数理想类型，因此我们可以谈论西方民主、自由民主、多元民主、实质民主（最大民主）、程序民主（最小民主）、受控民主、非自由民主、准民主或不完全民主，以及混合政权、专制国家和极权独裁。若能考虑到一个国家政治系统的具体特征，这一框架将非常有用。然而，许多变量会造成重大的解释困难（Geddes-Wright-Frantz, 2018）。我们已经谈到了转型学（Transiology）的方法问题。然而，在过去二三十年里，政治学的视野变得越发狭隘。一个典型例子是，该学科的一个部门尝试从制度和社会层面衡量一套明确的价值观和规范的接受程度（Linz, 1996；Mayne-GeiBel, 2018），而另一派则试图对"混合政权"进行分类，将这一概念划分为十多个新类别，致使任何稍微偏离理想民主形式的国家，都会被立即归入"混合"类别（Bozoki-Hegedus, 2017；Friedman, 2011；Diamond, 2002）。偏离理想类型的原因有很多：或因政治精英的影响（Zakaria, 2007），或因地方特征或历史前因（Levitsky-Way, 2002），或因民主化进程的停滞（Cassani, 2014）。这种逻辑体系同样适用于将良好治理视为实现民主的必要条件。大部分文献认为，减少国家干预有助于推动民主（Ewalt-Jennings, 2004；Nekola, 2006）。但是，通过阅读相关文献，我们发现从政治学的角度来看，国家被分类为民主或混合政权（及其各种亚变体），基本上是基于其对西方自由民主世界观的遵从程度。

12. 有学者总结了其中的基本要素："贫困陷阱的本质是，一个生来贫困的人需要一定水平的（人力或货币）资本才能提升到更高的社会地位，而这种资本恰恰因为生来贫困而无法获得（Katona，2021）。习得性无助理论也可以作为一个类比。该理论在心理学中广为人知，它描述了一种状态，即由于连续受到负面刺激，个人变得非常被动，甚至不会尝试改变自己的处境。在动物世界和人类社会中都可以观察到这种现象（Seligman，1972）。

13. Agenor，2017.

14. 赤道几内亚、希腊、中国香港、以色列、日本、毛里求斯、葡萄牙、美国波多黎各、韩国、新加坡和西班牙是近几十年来成功摆脱中等收入陷阱的国家和地区。有学者则认为爱尔兰和芬兰也应包括在内（Doner-Schneider，2016）。尽管这些研究都建立在坚实的方法论基础之上，但在分析中等收入陷阱时仍面临一些挑战。作为大多数此类分析的起点，全球分类体系已将匈牙利列为高收入国家，尽管赤道几内亚和毛里求斯仍在中上收入类别。此外，在人均国民总收入排名中，波多黎各也低于匈牙利（Wagner，2016）。

15. 这里提到的因素是基于几篇探讨中等收入陷阱及其原因的文章综合标准汇编而成的（Agenor，2017；Doner-Schneider，2016；Glawe-Wagner，2012）。

16. 不平等现象通常根据所谓的基尼系数来衡量，事实证明，基尼系数与评估匈牙利的现状相关。

17. Calderón-Servén, 2004; Kharas-Kohli, 2011.

18. Doner-Schneider，2016.

19. 哈佛大学经济学家指出，对于希望提高经济水平的国家来说，向服务经济转型和缩减工业规模的决策压力实际上是一种错误的二分法。这一假设的基础是一个显而易见的事实，即服务业在发达国家的经济结构中发挥着突出的作用，因此，将所有资源导向服务业、缩减工业产能似乎顺理成章。然而，我们需要的不是去工业化，而是同时发展服务业和工业。去工业化导致的收入差异是问题的关键（Rodrik，2016）。

20. Doner-Schneider, 2016.

21. Kharas-Kohli, 2011.

22. 现代发展经济学主要研究经济结构的变化以及随之而来的技术变革如何促进经济融合（Lewis, 1954; Chenery, 1979; McMillan-Rodrik, 2011; Thirlwall, 2011）。长期以来，这一领域的核心观点认为，随着结构变化的推进，国家终将经历去工业化，经济将逐渐由服务业主导（Fisher, 1939；Colin, 1940）。除了上文提到的中理论（Rodrik, 2016），其他学者也对这一理论及去工业化的必要性进行了研究（Dasgupta-Singh, 2007；Jaef, 2023）。在技术变革的背景下，发展经济学文献确定了一系列成功发展的关键因素。这些因素包括：竞争性经济制度（Hall-Jones, 1999）、能够创造这些制度并积极发挥作用的国家（Acemoglu-Robinson, 2013；Glaeser et al.,

2004）、基础设施的连通性（Radelet-Sachs，1998）以及社会和文化传统（Tabellini，2010）。

23. Chung, 2011.

24. Hjerppe, 1989.

25. 爱尔兰经济奇迹的时期一般被认为是1995—2007年。在此期间，爱尔兰的年均经济增长率大约是欧盟及主要欧洲经济体的三倍。1997年，爱尔兰的经济增长率达到顶峰，当年经济产出增长超过11%，在随后的几年中，这一数字稳定在8%—10%（World Bank，2023d）。

26. 1995年，爱尔兰的人均GDP按购买力平价计算达到了欧盟的平均水平，到2020年，其经济发展水平已是欧盟平均水平的两倍。2021年，其人均GDP按购买力平价计算达到了欧盟平均水平的234%（Eurostat，2022a）。

27. 20世纪90年代上半叶，爱尔兰退出了中等收入国家行列。根据世界银行的分类，爱尔兰如今已成为高收入国家，其人均国民总收入几乎是高收入门槛13205美元的六倍（World Bank，2023g）。

28. 爱尔兰政府假设，通过大幅降低公司税率可以显著增加外国直接投资的流入。如今，经济学界普遍认同这一观点。如果一个国家能通过降低公司税率在该地区营造一个具有竞争力的利率环境，那么这一策略将尤其有效。（Benassy-Quere at al.，2001；Ghinamo at al.，2007；Gropp-Kostial，2001.）

29. 1994年，爱尔兰的公司税率仍高达40%。埃亨政府在 2003 年进行了大刀阔斧的税收改革，将公司税率从 32% 降至 12.5%。目前，爱尔兰的公司税率在 OECD 国家中属于最低之一（OECD，2023d）。

30. O'Leary, 2011.

31. 外国直接投资（FDI）在爱尔兰经济中扮演着重要角色，但也带来了脆弱性。FDI 为爱尔兰提供了 15% 的就业率，而 70% 的外国运营资本来自美国（O'Rourke，2017）。

第三节　阵营化与匈牙利国家利益不符，需制定战略扭转现行逻辑

从长远来看，我们的利益在于多瑙河流域的各国能够互相理解，更好地了解彼此，并找到和平共处的条件……

小安德拉希·久洛伯爵（Count Gyula Andrássy Jr.）

在研究了匈牙利的追赶轨迹之后，当前的首要问题是这种势头在未来是否能得以持续。上一章描述的世界似乎正分裂成对立的阵营，这样的局面真的对匈牙利有利吗？随着西方国家与世界其他国家日渐疏离，匈牙利能否成功地攀升到更高的层次，永久跻身于真正的发达国家行列？到这里，读者可能已心中有数：阵营化与匈牙利利益不符。其原因至少可从三方面来看：文化因素、地理因素以及最关键的经济因素。

文化因素在三者之中最为"柔软"：匈牙利身为西方国家，却依然以自身的东方文化根基为傲。我

们能听懂西方语言，也说"西方话"，还因西方基
督教与西方结缘已逾千年。但匈牙利在平衡东西方
帝国方面最为成功。因为匈牙利既能与西方盟友沟
通，又可与东方伙伴保持交流，无论是在匈牙利独
立初期，还是后来作为更大帝国与联邦政府的一部
分，都是如此。无论何时，只要西方或东方强权试
图按照自身形象改造我们，修改我们的文化，那么
他们的失败总是必然的。一个基于阵营的世界，以
及一个被视为民主与专制之争的国际秩序，再次威
胁着我们，试图强加文化模式，否认我们自身的历
史经验，摒弃自身价值观，所有这些都阻碍了我们
的成功。

　　地理因素则有些"强硬"。匈牙利不仅在文化上
对东西方保持开放态度，地理位置也使其处于地缘
政治的断层线上，既隐藏着风险，又蕴含着机遇。
而匈牙利的地缘政治策略始终旨在最大限度地减少
风险，并充分抓住机遇。如今，最大的机遇在于几
乎所有的东西方贸易路线都要经过匈牙利。因此，
发展东西与南北贸易以及交通和能源基础设施对匈
牙利自身利益至关重要。然而，在一个日益阵营化
的世界中，基础设施的互联互通被视为一种负担，
增加了敌对方入侵的风险，经济进步所需的发展面

临阻碍，阻碍了我们国家的崛起。

最有力、最可衡量的依然是经济因素。匈牙利在自然资源与能源方面均较为匮乏。因此在基于对立阵营的世界秩序中，匈牙利无法获得经济增长所需的廉价原材料与能源，同样，外国直接投资与外资流入也会受到影响。根据现有数据计算，未来数十年的经济增长主要在西方世界外部实现，而非其内部。正如我们所见，没有国家能在缺乏大量外来运营资本的情况下变成名副其实的发达国家。因此，匈牙利在未来不能放弃非西方来源的外国直接投资。此外，需牢记匈牙利是一个复杂的出口导向型经济体，顺畅的国际贸易与良好的贸易渠道至关重要，而阵营形成与贸易壁垒对此百害而无一利。近几十年来，东西方之间的技术差异已不复存在。这意味着匈牙利从东西方均可获取同等先进的技术，并参与到相关的创新与研发中。与之形成鲜明对比的是，一个基于阵营的世界秩序将阻碍所有这些发展，接下来，我们将对这些问题进行更深入的讨论。

一 文化因素

在文化方面，匈牙利在欧洲独树一帜。匈牙利语独特而深奥，但其文化却展现出全方位的连接性。匈牙利本质上被视作西方国家，但其历史与文化遗产却深深植根于东方，毕竟匈牙利人一千年前便源于东方，并且这种文化传承至今仍被匈牙利人民所珍视。在东方，亲缘关系颇受重视，不少中亚国家将我们视为远亲，或至少是老相识。

在过去几个世纪里，无论是顺境还是逆境，这种双重身份都决定并塑造了匈牙利的命运。在最初的五百年间，匈牙利充分发挥才能，成功地在两大文化世界中找到了平衡。我们的一件重要文物——圣冠，便证明了这一点：圣冠的两部分，分别在罗马和君士坦丁堡这两个不同的文化中心锻造，完美地体现了这种二元性，但又最终合二为一，成为统一的象征。[1]

在匈牙利建国之初，即圣斯蒂芬王朝第一个和第二个千年交替之际，匈牙利领导层便成功地采取了相似战略，通过加强与西方的关系，抵消了当时被视为主导力量的拜占庭帝国的影响。然而这并不意味着匈牙利单方面依赖的形成。尽管我们从西方世界的精神领袖——教皇那里请求加冕，但我们仍与以德语为主的神圣罗马帝国保持距离以保护我们的独立性。而后，阿尔帕德王朝成功在东西方之间

取得了平衡。这一平衡在王朝成员中圣人的数量上
得到体现，他们不仅在东正教中，也在西方天主教
中封圣了多位圣人。历史记录还显示，我们是最早
意识到"蒙古"威胁的国家，这得益于我们与东方
的良好关系。[2] 在 1241 年穆希战役之前，匈利花费
了数年时间加固防御并适应新挑战。[3]

随后就来到了匈牙利国歌作者所说的"匈牙利
人民风雨飘摇的几个世纪"，在此期间，土耳其的征
服将匈牙利分裂为三个部分，只有特兰西瓦尼亚公
国能够维持一定的独立。在奥斯曼帝国扩张时期，
匈牙利经常成为奥斯曼与哈布斯堡这个强大对手交
战的战场。面对这种局势，特兰西瓦尼亚的策略是
与目前看来威胁较小的势力结盟，以制衡奥斯曼帝
国。[4] 当我们在赶走土耳其人后，成为奥地利帝国的
一部分时，我们从未彻底放弃过我们的独立和独特
性：匈牙利从未成为奥地利的世袭省份。在多次起义、
两场独立战争及随后的压迫时期结束之后，我们终于
在 1867 年与奥地利达成了协议，这一过程中，占据
东方主导地位的俄罗斯帝国起到了不小的作用。[5]

尽管如此，这种妥协意味着我们不得不放弃独
立的外交政策，因此我们无从选择是否加入 20 世纪
初的第一次世界大战。[6] 随着战争的结束，匈牙利虽

然恢复独立，但同时失去了作为一个中等强国的地位。由于政治操作空间不足，匈牙利未能抵挡纳粹德国的崛起。在第二次世界大战中，匈牙利最终被迫与纳粹结盟，遭受了更为严重的损失。

共产主义时期，匈牙利加入东方集团，与西方的联系因此中断。基于两极化冷战逻辑，匈牙利在各个方面适应苏联所提供的模式，其中涉及政治组织、社会进程以及国家经济架构的构建。[7] 由于缺少与西方积极互动，我们抛弃了自身文化优势，这最终削弱了匈牙利的经济力量。[8] 正因如此，我们对阵营对立极为反感。阵营化剥夺了我们在东西方之间进行调节与平衡的能力，而这正是我们文化的核心要素之一。历史上，每一次尝试强加于我们的与本土文化不符的模式都以失败告终。

二 地理因素

匈牙利的地理位置十分特殊，因此它既面临着机遇，也面临着挑战。匈牙利位于喀尔巴阡山脉盆地的中心，地处欧洲中部，有利也有弊。因此，匈牙利的地缘政治策略一直旨在降低风险并充分利用存在的机遇。匈牙利正好坐落在东西方之间的一条

显著的、广为人知的地缘政治分界线上，同时，匈
牙利也是地中海世界与北欧文化交汇的地点。纵观
历史，这些分界线使得匈牙利多次成为各种冲突的
中心，这些冲突有时还会引发严重的后果。[9]

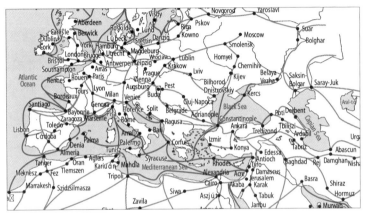

图 2-1　13 世纪初的贸易路线

资料来源：内切夫（Netchev），2022

　　然而，这种地理位置也带来了独有的机遇。匈
牙利地处东西方贸易路径交叉点，历史上，这使其
成为连接亚洲与欧洲市场的重要贸易枢纽。[10] 东方
货物自然会从匈牙利经过，匈牙利也成为货物进入
欧盟领域的绝佳门户。[11]

　　地区冲突所导致的地缘政治格局变化，为匈牙
利带来了新的挑战与机遇。[12] 由于部分东西方贸易
通道的关闭，匈牙利作为替代性通道，其战略重要

性得到了增强。[13] 这种新的地缘政治格局为匈牙利
提供了在欧洲大陆贸易中扮演核心角色的机会。

　　然而，匈牙利的地理优势并非仅限于与遥远贸
易伙伴的联系上。我们最近参与了诸多基础设施建
设项目，将自身、邻国以及欧洲大陆其他国家连接
了起来。从新的铁路线、高速公路，再到现代化物
流中心，这些发展建设进一步巩固了匈牙利作为欧
洲运输与物流中心的地位。[14] 因此，尽管地理位置
带来了诸多挑战，匈牙利总能把握发展的脉搏，从
而迈向繁荣的未来。面对现代挑战，匈牙利的地理
位置必须作为战略优势加以利用。我们地处的中心
位置，是现代贸易路径的交叉点。然而，若这些贸
易路线随竞争集团形成而逐渐消失，匈牙利将面临
被边缘化的风险，从而走上一条不归路，一条东西
方边缘的死胡同。这就是为什么阵营形成在地理层
面也不符合匈牙利的利益。

三　经济因素

　　除文化因素与地理因素外，反对阵营对立最有
力、最强硬且最直接的论据主要还是基于经济的考
量。首先需要强调的是，匈牙利自然资源相对匮乏，

这既是一个挑战，也是一个机会。这种挑战在于我们无法依靠自有资源推动经济发展。我们不能忽视自然资源，尤其是能源，其重要性远不仅限于其直接经济价值。这些资源的可获得性与价格直接关系到工业生产、交通运输、家庭能源成本以及许多其他方面的开销。[15]

　　然而资源匮乏也能带来机遇。它促使国家对合作伙伴持开放态度，[16]并通过共享和获取资源增强合作。[17]若我们只着眼于外国政策的意识形态，并因此远离自然资源丰富的外国市场，那么我们自身经济稳定性与增长潜力将立于危墙之下。[18]

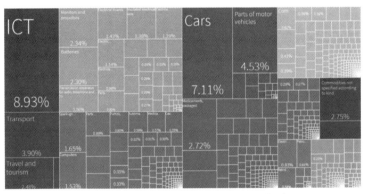

图 2-2　匈牙利在世界最复杂经济位排名中位列第 11
资料来源：2023 年经济复杂性地图集

　　相同的逻辑揭示了阵营对立的另一个负面效应。匈牙利经济极度依赖出口，而出口也正是我们近几

十年经济增长的主要引擎。因此，实现出口的多样
化及开拓新市场至关重要。若出口机会因对手阵营
壮大而减少，将给我们的经济增长带来严重阻碍。

外国直接投资（FDI）的重要性也不应低估，因
为经济发展与工业现代化往往有赖于此。[19] 随着国
际经济环境的演变，非西方国家在经济上的重要性
亦在改变。这一趋势要求我们必须实现周转资金来
源的多样化，并探寻新的投资机会。

此外，正如我们在所有西方国家见证的，即便
是在最发达的国家，阵营化也会带来极大的经济成
本。可悲的是，这些经济负担往往沉重地压在收入
最低群体的肩上，相对于其自身收入，他们为这些
不利的国际动态付出了巨大的代价。正如我们所观
察到的，[20] 日益加剧的不平等程度会侵害国家实现
高水平发展的前景，这显然与我们的利益背道而驰。

同样重要的是，我们对技术发展与创新给予高
度重视。技术创新历来是西方国家的强项，但如今，
东方国家也在此领域迎头赶上。若匈牙利将其自身
隔绝在东方技术发展与创新之外，可能会错失众多
经济进一步增长与发展的机遇。

因此，我们近年取得的经济与社会政治进展可
能岌岌可危。就业率可能出现的下滑趋势，税收可

能出现的大幅减少，都将给匈牙利家庭政策实施与公共事业资金投入带来威胁。简而言之，一旦阵营对立的局面形成，过去数十年推动经济发展与社会进步的积极因素都将化为泡影。这意味着我们不仅可能无法继续推动经济发展与增长，甚至还有可能面临倒退的风险。

四 下一步该怎么办?

在这种背景下，我们自然会开始询问，如何才能继续向前迈进? 无论是匈牙利努力追赶的轨迹、相关理论、其他国家的成功经验，还是匈牙利的文化因素、地理因素和经济因素，都指向同一个方向：一个由对立阵营组成的世界不仅不符合匈牙利的利益，而且会直接阻碍我们在经济上实现进一步的追赶。同时，鉴于国家规模较小，匈牙利难以对全球趋势产生影响。如果世界主要强国继续推进阵营化的全球格局，那我们也只能接受这一事实。无论我们这里的千万人如何大声高呼"抱歉，这在我们这儿行不通"，也难以成为改变大局的决定性声音。因此，我们必须寻找新思路，制定新战略。

我们需要制定新战略，为自己找到适合的角色，以某种方式巧妙规避难题、解开戈尔迪之结，以"骠骑突击"扭转战局。从根本上说，我们正在努力探索，如何在一个可能不利于发挥我们的德行与才能的世界中，最好地发挥我们的德行与才能。这就是我们将在下一章节详细论述的，基于互联互通的战略及其支柱——"拱心石国家"概念。

注释

1. 关于圣冠起源的详细研究，包括其由希腊冠和拉丁冠组成的双重结构（Barabássy, 2018; Bartoniek, 1987; Peri, 1994; Zétényi, 2002）。

2. 在13世纪，匈牙利人多次探寻他们在东方的祖先家园以及可能留在那里的同族。这对他们了解认识蒙古帝国带来的威胁起到了重要作用。朱利安修士在首次东行中得知了蒙古人的西进扩张意图并在1236年返回后尽快告知了教皇。1237年，朱利安再次出发，但此行目的为侦察侵略者的动向与行动。后来，他收到一封蒙古人写给匈牙利国王贝拉四世（King Béla IV）的信，信中明确表示要征服匈牙利（Fodor, 2012; Szilágyi, 2023）。

3. 贝拉四世国王预计主要的进攻将越过喀尔巴阡山脉，为了应对蒙古帝国的进攻，他从喀尔巴阡山脉一侧加强了维瑞克山口的防御工事，并命令宫廷官员防守此处。

此外，贝拉四世在国家大会讨论了防御事宜，指示与会贵族调集军队，做好战斗准备（Mika, 1900; Veszprémy, 1994）。

4. Köpeczi, 1986.

5. 我们应当从"高层次"看待奥匈妥协，即从欧洲大国政治层面对其进行解读。1867 年诞生的奥匈双重君主制最终建立了一个公共法律体系，使其能够应对地缘政治形势带来的挑战。尤其是通过削弱俄罗斯在巴尔干的影响力，发挥了重要的平衡与阻碍作用（Gerő, 2014）。这主要是应对 19 世纪中期以来，俄罗斯帝国因奥斯曼帝国衰落而在巴尔干及东南欧采取的积极扩张政策（Davies, 2002）。换言之，这场被同时代人称为"妥协"的宪法安排，不仅是基于地缘战略的考虑，也是匈牙利政治思想长期传统的一部分，旨在于中欧地区形成力量平衡。

6. 第一次世界大战爆发时，"奥匈帝国外交政策受到柏林的左右。在柏林，他们以一场全面的、波及整个大陆的战争来评估形势"（Galántai, 2006）。伊什特万·蒂萨（István Tisza）同样意识到了这一点：虽然他一开始反对战争，但很快被迫转变立场，因为意识到了战争的不可避免，这不仅是由于君主制的结构体系，还因为它相对于德国帝国的从属地位（Pritz, 2015）。蒂萨在优先考虑寻找外交解决方案上扮演了关键角色，这一点不仅在匈牙利的历史著作中得到认可，英文的历史学著作也有所记载（Gyarmati, 2015）。

7. 第二次世界大战后，随着美苏对立日益加剧，两极世界秩序逐渐形成。这一新秩序加速了共产主义在中东欧地区的权力获取以及政治接管（Glatz，2006）。换言之，匈牙利的苏维埃化是两极国际秩序的必然结果（Bihari，2005）。

8. 匈牙利在1948—1990年的经济史有三大特征：①经济增长的真正限制源自社会与政治体制；②匈牙利经济发展阶段与欧洲主要经济体存在显著差异；③就经济产出而言，匈牙利越来越落后于西欧。因此，1950—1965年，匈牙利人均GDP水平不足西欧平均水平的一半，这一差距远大于上个世纪。20世纪70年代末开始，匈牙利与西欧的差距持续扩大，其发展水平与主要经济体相比出现极大衰退。制度的封闭性与孤立性在此过程中起到了决定性作用：这些因素阻碍了技术转让，限制了进口竞争，而这些正是实现经济追赶不可或缺的关键因素（Tomka，2010）。

9. 有学者将地缘政治冲突区定义为对立的地缘政治力量（相互冲突的扩张方向和目标）相交汇的地点。在匈牙利占据喀尔巴阡盆地并建立国家之后，匈牙利主要战略目标转变为防御强大的邻国。这可以被视为一种努力，旨在将冲突区域限制在国界之外。其中一个未能达成此目标的例子为，匈牙利曾长达一个半世纪处于土耳其的统治之下，并且国家被一分为三。在那个时期，匈牙利夹在哈布斯堡王朝和奥斯曼帝国之间，一度成为兵家必争之地（Kalmár，1943）。一千年来，匈牙利人民一直在面对基本相同的问题：在东西方大国间寻求平衡，维护两者之间的安全，并保持国家独立（Hóman，1936）。

10. 匈牙利位于东西方之间，得天独厚的地理位置注定了其不仅能与巴尔干半岛这一"最天然"的市场开展重要贸易，还能作为连接亚洲与非洲的贸易中介（Havass，1912；Pál Teleki，1934；Széchenyi，1830）。学者或认为多瑙河是"欧洲大陆的高速公路"，或认为多瑙河"似乎是专为匈牙利开辟的天然通道"，匈牙利人完全可以利用这一地理优势。

11. 2023 年秋，塞尔维亚与中国签订自由贸易协定，表明匈牙利得天独厚的位置带来的地理优势得到了东方贸易伙伴的认可。鉴于中国可以与塞尔维亚和格鲁吉亚进行几乎免税的贸易，东西方之间的贸易路线日益清晰，匈牙利凭借其理想的地理位置，自然成为进入欧盟地区的首选门户（Jevtić，2023; Starcevic，2023）。对于东方生产商而言，匈牙利是通往西方市场的关键门户。正因如此，如果欧盟机构涉华决策不是出于去风险的考虑，而是为了深化贸易关系和探寻合作机会，将更符合匈牙利的利益。尽管贸易政策是欧盟的专属职权范围，即与非欧盟国家的协议需由整个欧盟而非单个成员国签订，但考虑到匈牙利的地理位置，它在欧盟内推动的利益必须致力于在东西方贸易路线的交点上建立起连接世界各地的桥梁。

12. Magyarics-Mártonffy, 2023.

13. 俄乌冲突爆发后，中欧主要贸易通道之一北方走
廊的运输量减少了约40%。而2022年，涵盖匈牙利在内
的中部走廊（Central Corridor）的货物运输量可能是前一
年的六倍（Chang, 2023; Eldem, 2022）。

14. 根据现有的可比数据，匈牙利在欧盟国家中的铁
路轨道密度（每千平方千米铁路长度）位居第四。在高
速公路网络的建设上，匈牙利在维谢格拉德四国中位列
第一，并且其高速公路网络的密度超过了法国、爱尔兰
以及斯堪的纳维亚国家（Eurostat, 2023n）。

15. 荷兰的情况很好地展示了这一点的重要性。1959
年，荷兰发现了格罗宁根天然气田，从而拥有了约28000
亿立方米的天然气储备（European Gas Hub, 2023）。这个
数量足以满足匈牙利280年的天然气需求。2013年，荷兰
政府决定在2023年前逐步停止国内天然气生产。该决定
作出五年后，荷兰天然气生产下降了55%，同时荷兰对进
口天然气的依赖从29%增加到72%，并且随着生产的进一
步减少，这种依赖性还在加强（IEA, 2020），这也意味着
该国更容易受到能源价格波动的影响。到2023年第二季度，
曾在GDP增长率方面位居西欧国家前列的荷兰开始走向
经济衰退（Eurostat, 2023c），其工业生产下降了8%，其
当时工业生产水平是匈牙利的1.5倍（CBS, 2023）。

16. 我们已经讨论过，互联互通战略的核心之一是进
一步加强南北方向的连接，即促进地区的互联互通，从
而减少对东西方大国的依赖。然而，匈牙利和中欧的战

略形势在很大程度上是由历史决定的。几十年来，该地区依赖于反映冷战及其后时期逻辑的东西方能源基础设施。第一个历史遗留问题是，苏联采用中心辐射式设计建造了原油和天然气出口基础设施，以苏联为中心，使区域内的互联互通变得不可能。这也有助于保持东欧集团的地缘政治团结，特别是对于处于地缘政治断层线上的中欧国家（Marrese-Vanous，1983）。第二个历史遗留问题是，在20世纪60年代和70年代，西欧和苏联之间开始了密集的石油和天然气贸易，这也促进了东西方基础设施的发展（Perović-Krempin, 2014；Zaniewicz, 2019；Franza, 2018）。第三个历史遗留问题是，在20世纪90年代初期，地区外交政策主要专注于向西重新定位，与中欧国家的资本短缺相结合。因此，在此期间只建立了向西的能源互联设施，包括与奥地利建立的HAG（匈牙利与奥地利的天然气管道）天然气连接，同时还建立了连接波兰、德国、匈牙利、奥地利的电力连接。

17. 能源安全涉及多个方面，其中之一是加强区域互联互通（Tongsopit et al.，2016; Kanchana-Unesaki, 2014; Moura et al.，2017）。

18. Beyer-Molnar, 2022; Dickel et al.，2014.

19. Søreide, 2001; Damijan et al.，2003; Gherigi-Voytovych, 2018; Mamingi-Martin, 2018.

20. Silva-Leichenko, 2004; Rodrik, 2021; Felbermayr-Mahlkow-Sandkamp, 2022; Gill-Nagle, 2022.

第三章 互联互通：
匈牙利的战略突破之道

哦，骠骑兵，骠骑兵！
你是匈牙利人眼中的明灯。

伯塔兰·塞梅雷（Bertalan Szemere）

每个国家都有传奇英雄，匈牙利亦不例外。这些传奇人物有的笼罩在中世纪的迷雾中，有的甚至可以追溯到匈牙利的亚洲史前时代。尼姆罗德（Nimród）、胡诺尔（Hunor）、马戈尔（Magor），以及带领匈牙利人进入喀尔巴阡盆地的阿尔帕德（Árpád），都是那个久远世界的英雄人物。在后启蒙时代，新的英雄如米克洛什·托尔迪（Miklós Toldi）和亚诺什·维特兹（János Vitéz）则通过19世纪的诗歌被传诵下来。弗里杰什·卡林西（Frigyes Karinthy）敏锐地指出，托尔迪和维特兹堪称匈牙利的赫拉克勒斯和奥德修斯。正如所有真正的英雄一样，他们体现了将他们奉为榜样的人民所具有的精神特质。

从我们的视角来看，匈牙利英雄亚诺什·维特兹，别称"勇者约翰"（John the Valiant），无疑是一位极具魅力的非凡人物。故事开篇，他被称为"Kukoricza János"，译者约翰·里德兰（John Ridland）将其译为"玉米粒约翰尼"（Johnny Grain o'Corn）。像所有经典的匈牙利故事一样，亚诺什的命运多舛，身为孤儿，不得不忍痛告别故土，踏上了一段非凡且充满挑战的冒险征途。他参军入伍，周游世界，与自然和超自然的邪恶势力殊死搏斗。历经无数艰难险阻，亚诺什终于得到了应有的回报。这位曾经一贫如洗、默默无闻的农家少年，最终蜕变成为仙境之王。

诚然，在剖析文学作品的深邃内涵时，我们往往容易错过其精髓所在，因为作者的真正意图几乎总是难以捉摸。但令人惊讶的是，如果我们将亚诺什所踏足国度逐一标注在地图之上，会发现匈牙利及其英雄故乡的东边是鞑靼斯坦和印度，北边是波兰，南边是意大利，西边是法国。从传统的地理视角来看，英雄游历世界，每到一处都获得新的体验。然而，故事的深意远不止于此。这位匈牙利英雄的西行之路并非平坦直达，而是曲折蜿蜒的。于他而言，东方是通往西方的必经之路。

我们之所以在此引用亚诺什的故事，是因为他的冒险与 21 世纪匈牙利面临的任务有着惊人的相似之处。我们渴望在全球化的浪潮中成为一个强大、发达的国家，并且依靠自身的力量坚定前行。然而，要实现这一宏伟目标，我们必须走向世界，汲取各地的智慧与经验，充分了解和利用全球所能提供的一切资源和机会。

前几章已经清楚地表明，近期全球发展对于那些试图通过经济、政治和文化关系创造经济活力的小国不利。匈牙利正是这样一个自豪而古老的国家，拥有复杂而开放的经济体系，位于地缘政治的关键位置，其深厚的文化底蕴使其自然而然地成为国际调解者。基于此，我们认为，帮助匈牙利成为完全的发达国家并在国际秩序中发挥重要作用的关键，是实施基于互联互通的战略。因此，下一步是深入回顾国际文献中关于互联互通的研究，探讨如何将这些研究成果有效整合到我们的战略框架之中。

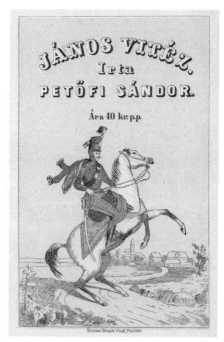

图 3-1 《亚诺什·维特兹》首版原版封面

资料来源：维基媒体共享资源

注：该书发行于 1845 年 3 月 6 日，该书由伊姆雷·瓦霍特（Imre Vahot）出版，封面石版及其他插图由文斯·格林（Vince Grimm）绘制。

第一节　互联互通与韧性：
网络与国际关系

地球上的所有生命因各国和各大洲之间日益密集的联系而整合。

由于这些联系的密度，每一个新创造、每一个经济和政治事件都会或多或少地影响所有事物。

泰莱基·帕尔伯爵（Count Pál Teleki）

互联互通这一概念源于对复杂网络的研究，随后逐渐渗透到政治和公共政策研究领域。对复杂网络的研究可以追溯到 20 世纪 50 年代，与匈牙利有着深厚的渊源。[1]互联互通被纳入政治词汇，部分原因是它作为一种可能的全球化描述性理论模型，同时也作为促进经济增长和提升国家在全球化世界中整体影响力的战略。[2]关于后一种应用，已有许多广为流传且具有学术性的著作。然而，要深入研究互联互通在全球化中的描述性模型，需要综合一系列研究，这些研究大多采用网络理论的概念框架。

谈及网络时，相关研究通常聚焦于两个方面：其一是网络的扩展，新节点不断加入系统并连接到现有节点，同时在这些节点之间产生新的连接；其二是"连接密度"（Popularity Connection），即新节点连接到某一现有节点的概率与该现有节点的连接密度呈正比。

那么，这些与国家战略有什么关系呢？如果一个国家能够运用网络理论来解读其国际和经济关系，就可以将网络理论的成果为己所用。因此，关键在于深入探讨互联互通在国际关系和全球经济中的应用潜力。唯有如此，我们才能制定出基于互联互通的匈牙利战略。

一 从国际关系理论角度解读互联互通

要制定一个与我们目标相关的互联互通概念，我们首先需要明确其在国际关系中的含义。到20世纪60年代末，国际关系学科已发展到一个新阶段，学者们开始主张，国际体系不仅应通过国家间的政治和意识形态关系来解读，还应考虑文化、投资和贸易关系。这是因为人们认识到，国家行为和发展可能性深受这些关系的影响，而传统的现实主义和自由主义学派对此关注不足。

第一个具有深远影响的考察来自罗伯特·基欧汉（Robert Keohane）和约瑟夫·奈（Joseph S. Nye），奈在十五年后因提出"软实力"概念而闻名。他们的理论被称为"复杂相互依赖"（Complex Interdependence）。[3] 根据基欧汉和奈的观点，现代世界的国家之间已经形成了极其复杂的关系，无论是经济、政治还是文化关系。这些关系类似于网络，而理论的核心就是相互依赖。因为国家致力于建立这种关系，相互依赖不仅决定了国际体系的运作方式，同时也影响了它们的行为。相互依赖必然限制了国家的自主性，并且通常具有不对称性。

这使我们真正进入了国际政治的领域。各国试图通过塑造这些关系，以便从相互依赖中获取最大利益，并确保自身处于最佳谈判位置。毕竟，基欧汉和奈认为各国正在进行一场正和博弈。当然，现实主义者很快对复杂相互依赖理论做出了回应。肯尼斯·华尔兹（Kenneth Waltz）创立了新现实主义，在基欧汉和奈提出理论之后两年，即 1979 年，他在《国际政治理论》（*Theory of International Politics*）一书中提出了自己的理论。[4] 该理论同样以国家为中心，视国家为国际体系中最重要的行为者。他还将国际体系描述为无政府状态，各国为生存而战。所有国家从事相同的活动，而国家之间的等级则由其活动的效率决定。与复杂相互依赖理论不同，华尔兹强调这些关系的功利性。尽管许多经济或高等教育关系都是在私人行为者（公司、大学等）的倡议下形成的，但国家在这些关系中始终拥有最终决定权。毕竟，在无政府状态的国际体系中，各国为了生存和维持力量平衡，会利用这些关系来增强自身能力。[5] 然而，如果某个国家通过这些关系获得了过多的优势，试图打破力量平衡，其他国家就会进行干预，破坏这些关系网络。[6] 因此，华尔兹承认关系和网络的存在，但明确指出它们依赖于国家的政治意愿。

无论我们选择认同现实主义者的观点，还是自由主义学派的观点，国家显然都有机会通过管理互联互通，利用政治目标和工具，抓住由此带来的机遇。

二　互联互通的经济方面

我们提出的互联互通概念中，另一个关键点在于，一个遵循这一战略的国家将致力于增加贸易、投资，以及文化、教育和研究关系的数量。这意味着通过增强这些联系，国家将变得更加开放。从经济学角度出发，值得探讨的是，我们是否应将开放性视为必然条件，即经济增长与开放性之间是否存在密切的相关性，这种相关性将影响对外贸易、投资、基础设施，乃至学术和研发关系。

例如，萨克斯（Sachs）和华纳（Warner）在苏联解体后几年，研究了苏联解体分裂成的国家的贸易政策。[7]他们的研究结论表明：经济结构越开放、越以出口为导向的国家，其经济增长率越高。同时，这些更加开放和出口导向型的经济体，GDP下降幅度也要小于那些自给自足、封闭型经济体。[8]此外，研究还显示，一个经济体在国际贸易中的开放程度越高，其生产率提高的速度就越快。[9]更为重要的是，该模型从互联互通的角度进一步证明，开放程度更高的经济体能够以更快的速度吸收知识和创新。[10]

弗兰克尔（Frankel）和罗默（Romer）的研究提供了关于经济互联互通的重要数据。他们不仅分析了贸易开放度，还考察了地理因素的影响。[11]研究结果明确证实，经济开放度与经济增长之间存在显著关联：如果贸易占GDP的比率增加1个百分点，人均收入将随之增长1.5个百分点——由此可见，贸易开放度具有倍增效应。同时，研究也表明，单靠优越的地理位置（如邻近大型出口市场）并不能直接提升收入。为了实现收入增长，还需要其他关键因素的支持，例如完善的贸易基础设施。

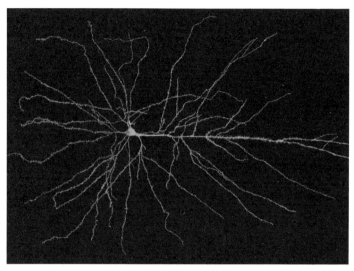

图3-2　神经细胞的连接点
——人类神经系统是我们所知的最复杂的网络之一
资料来源：Ruth Benavides-Piccione、Isabel Femaud、
Asta Kastenauskaite 和 Javier DeFelipe

凯勒（Keller）的研究还特别关注技术引进的重要性。[12] 在这方面，他得出的结论是，一个国家的经济越开放，获取新技术的能力就越强。

这种现象被称为"技术外溢"（Technological Spillover），是一种积极的现象。[13] 例如，当制造公司通过国际贸易进口半成品时，技术外溢就会发生，从而惠及东道国的经济。然而，当涉及外商直接投资（FDI）时，发生技术外溢的概率要高得多。研究还表明，在东道国，同一行业内企业的数量越多，技术外溢的可能性就越大，这与经济增长呈正相关。[14] 对于理解经济互联互通，这一发现尤为重要。

原因在于，根据罗默（Romer）和赫尔普曼（Helpman）的研究，在连通性良好的国家中，技术外溢能够长期维持其经济增长潜力。[15]

综上所述，我们可以得出结论：互联互通是描述网络连接的一个模型，具有由这种特性所产生的某些具体特征。就经济增长而言，最重要的发现是，一个国家在建设网络时，不应只关注单一连接的开发，[16] 因为整个网络对经济增长的累积效应远远大于单个连接的总和。[17] 因此，在制定国家互联互通战略时，我们就不应该只关注一种连接，而应从整体网络的角度出发，同时发展所有连接。

采取这种战略的国家，如果能同时与几个关键网络节点相连，即与经济发达、互联互通程度高的国家相连，就能取得最大的成功。通过这种方式，它们可以大幅提升自身的经济增长潜力。同样，一国经济的互联互通能力越强，最终就越有可能成为一个节点，从而在区域乃至全球范围内，以及在产业领域内，对网络产生更大的影响。[18]

三　韧性

基于上述分析，我们可以更清晰地理解互联互通，即由相互依存关系形成的网络，如何用于增强一个国家的经济实力和国际政治权重。然而，如果不考虑互联互通带来的风险及其管理方法，这样的分析是不完整的。为此，我们需要稍微偏离战略理论，进行进一步的探讨。

在探讨互联互通固有风险时，我们处于一个微妙的境地，因为我们必须同时论证互联互通，即发现相互依赖中的优势，绝对符合国家利益。然而，这些相互依赖关系也可能对国家构成威胁。这是任何基于互联互通的战略必须解决的关键问题。自然，有一个解决方案，我们称之为韧性。韧性有很多定义。雅尼克·埃蒙德（Yannick Hémond）和伯努瓦·罗伯特（Benoît Robert）在一篇关于该主题的文章中引用了联合国对韧性的定义："韧性是指个人、家庭、社区、城市、机构、系统和社会在面对各种风险时，能够预防、抵抗、吸收、适应、应对和恢复的能力，同时保持可接受的运作水平，而不会损害长期的可持续发展、和平与安全、人权和所有人的福祉。"[19]

虽然也存在其他定义，但上述引用已足以概括韧性的本质。埃蒙德还强调了各种定义所包含的关键能力：首先是理解过去的能力，其次是重新设计系统并恢复其正常运行的能力。韧性的概念可以从多个角度进行探讨，具体取决于我们对学习能力和恢复正常运作的理解。如果我们考察可能的解释范围，就会发现西方国家和东方国家是根据不同的原则来定义韧性的。

为了更好地理解西方模式，这里以《第一滴血》系列电影第一部中的一个典型例子为例。故事的主人公兰博（Rambo）是一位越战老兵，他来到华盛顿州的一个小镇。警长因其邋遢的外表而拒绝他进入小镇，但当他再次返回时，警长和他的手下试图通过残酷的手段让他离开。兰博拒绝服从，逃入森林，继续顽抗，导致越来越多的警察出动，最终甚至动用了国民警卫队。虽然这里不是评价电影或角色的地方，但故事情节清晰地展现了西方式韧性的逻辑。小镇的居民认为这名退伍士兵是危险人物，于是他们严格遵循规定和程序，先是阻止他进入，然后设法抓捕他。没有任何当局想要打听兰博的身份，也没有人问他来访的目的。整个系统就像在自动驾驶仪上运行一样，所有相关的齿轮都"咔哒咔哒"地运转着。

这个例子很有趣，因为在西方世界中，韧性通常通过标准化的流程和程序来解释，就像电影中看到的那样。西方对韧性的理解通常追溯到克劳福德·斯坦利·霍林（Crawford Stanley "Buzz" Holling）的研究，他探讨了生态系统如何保持韧性，并试图从中得出对管理理论有用的结论。这些研究表明，韧性需要一个能够应对新威胁和挑战的框架。[20]关键在于系统的自动化，各个组织需要建立程序和算法，当提供相关信息时，这些程序和算法能够处理各种挑战和危险。因此，研究西方韧性的核心问题是这些程序的适应能力，即标准化系统如何应对新的挑战。[21]这些专门模型的共同特征是追求自动化和算法化。换句话说，如何将韧性作为一种程序思维纳入组织、机构和国家政府的运作中？[22]

以商业战略为例，西方大型公司的韧性在于它们能够比竞争对手更快地应对挑战。[23]如果市场发生变化，能够迅速调整内部资源并重新分配任务的企业将成为赢家。一个有趣的现象是，例如在美国有一个专门的标准，规定了企业在应对市场危机、自然灾害和社会动荡时必须实施的程序。[24] 韧性研究中最年轻的分支之一是安全政策子领域，这一领域在 21 世纪美国和欧洲遭受一系列恐怖袭击后迅速兴起。[25] 这些研究主要探讨国家防御力量、经济行为体和民间社会如何通过共同的程序组织成一个快速反应系统，以提高韧性。[26] 鉴于所有这些，我们可以理解西方韧性起源于组织建设和企业管理研究，依赖于算法化、操作化和理性化，本质上是自动响应能力。

然而，这种方法有其局限性。我们的出发点是，在制定互联互通战略时，我们追求两个相互对立甚至相互排斥的目标。一方面，我们希望最大化相互依赖所带来的好处；另一方面，我们又希望尽量减少由此带来的风险。问题在于，利用优势需要加深和增加关系，而消除劣势则需要减少关系。通过自动化程序来管理这种矛盾目标几乎是不可能的。不难理解，为什么那些依赖这种程序思维的西方行为者，无论是国家（包括超级大国）还是市场公司，近年来在韧性表现方面都显得尤其薄弱。

然而，无须研究对抗中的超级大国，我们也能理解互联互通固有的风险。新冠疫情揭示了全球经济中相互依赖的风险。整个供应链陷入瘫痪，许多行业不得不停产。[27] 俄乌冲突引发的欧洲能源危机同样揭示了相互依赖的危险。欧洲高度依赖俄罗斯的能源供应，一旦贸易受阻的消息传出，能源价格立刻飙升。[28] 欧洲无法找到廉价的能源替代品，这意味着在这种情况下，断绝关系并没有增加韧性，反而增加了不确定性。

紧密连接的系统，如国家经济、大陆能源供应或公司生产链，面临的主要问题在于它们对新出现的、影响其基本运行原则的现象缺乏足够的抵抗力，至少在上述例子中是如此。旨在提高韧性的运营管理并不奏效。因此，需要从西方世界的其他领域寻找灵感，并研究非西方世界应对韧性挑战的方法。

西方世界也有一种趋势，专门研究如何管理相互矛盾的目标。幸运的是，这些解决方案正是从战略思维理论中寻求的。该领域的权威人物约翰·刘易斯·加迪斯（John Lewis Gaddis）喜欢引用菲茨杰拉德（F. Scott Fitzgerald）的一句话，他认为，人类智慧与其他自然或人工智能的区别在于，其能够同时将矛盾的陈述视为真实，并保持自身的逻辑。类似的情况也适用于我们的讨论。[29]

菲茨杰拉德的这番话帮助加迪斯探索了一个人

为实现某个目标而制定策略时所特有的两种心态。

加迪斯巧妙地借鉴了以赛亚·柏林（Isaiah Berlin）的比喻，柏林根据思维方式的差异将人划分为两种，即"刺猬"与"狐狸"。[30] 刺猬的主要特点是，他们通过一个基本的概念或想法来评估所遇到的每一个问题或现象，这通常基于一个远期的战略目标。然而，这种方法的局限性也显而易见，可能导致思维的封闭和行动的僵化，从而选择次优手段以达成目标。与之相对，狐狸则展现出截然不同的特质。它们设立多个独立甚至可能相互冲突的目标，因此特别擅长辨识和把握机会，灵活应对。但狐狸在追求长期目标方面可能稍显不足，因为它们容易随着环境的变化而调整方向。

显然，狐狸的思维方式中不乏内在的矛盾，其目标有时甚至会相互抵消。然而，给刺猬或狐狸的方法贴上天生优越或更贴近现实的标签，是一种短视的看法。一个好的战略必须兼具刺猬的专注和狐狸的多样性。[31] 换言之，我们需要在塑造自己的思维方式时接受并处理相互矛盾的真理，而非仅在设定目标时。只有这样，我们才能在战略层面进行更为有效和全面的思考。

图 3-3　塞缪尔·豪威特（Samuel Howitt）画中的狐狸和刺猬

资料来源：盖蒂图片社

　　当前西方的互联互通概念，无论是在过去还是现在，基本上都犯了加迪斯认为的刺猬所犯的错误，即从单一视角和单一原则信念来看待每一种情况。在某一时刻，我们想象中的刺猬们认为，连接全球的经济、文化和政治体系是最佳战略时，它们会不懈追求这一目标；但当它们认为相对优势在其他领域时，又会坚定地退回到保护刺后。换言之，它们从一个极端走向另一个极端，又在两个极端之间来回摆动。

　　然而，如果我们认同韧性的本质在于一个系统

197 | 第三章 互联互通：匈牙利的战略突破之道

能够从过去的错误中吸取教训，进行自我调整并恢复其正常运作的能力，那么完全或部分切断那些因相互依赖而紧密相连的系统，或将这一结果视为目标，显然与我们对韧性的理解背道而驰。毕竟，用另一个原则（连通性会带来风险，因此是负面的）取代一个不容置疑的原则（连通性具有积极价值），不仅剥夺了我们从连接中获得的协同效益，还迫使我们承担断开连接的额外代价。当前西方世界所倡导的韧性概念，如脱钩或去风险化，正是基于这种错误的逻辑，因此我们认为这种理解是具有误导性的。

真正的韧性不在于盲目追求相互依赖所带来的短期利益，也不在于因畏惧风险而轻易放弃这些利益。在当今这个错综复杂的世界里，我们必须构建一种韧性概念，它能在利用连接所带来的协同效应与降低相关风险之间找到平衡。换言之，我们需要遵循加迪斯的建议，融合刺猬的专注与狐狸的灵活多变，从而在面对复杂局势时能够采取既坚定又灵活的战略思维。

李平（Peter Ping Li）也采用了类似的方法，他提出的韧性概念既汲取了中国古代治理的精髓，又融入了道格拉斯·奥顿（Douglas Orton）和卡尔·E.

维克（Karl E. Weick）的组织管理理论。[32] 按照他的理解，韧性不足的根源在于紧密相连的系统中固有的两个对立面，无论是国家间的外交关系还是企业间的商业往来。[33] 一方面，这些系统高度理性化，能够充分挖掘协同效应中的潜力；另一方面，由于系统的复杂性，其运作总是伴随着不可预测的风险。此外，由于系统内错综复杂的相互关联，往往隐藏着一些难以察觉的因果关系。

这也正是为什么我们时常会遭遇类似"蝴蝶效应"的意外崩溃。[34] 当系统的设计者和操作人员只专注于理性或确定性元素时，系统就会失去韧性。如果他们只注重理性化，那么在面对突如其来的危机时，将会措手不及；而如果他们只注重确定性因素，那么将无法充分利用互联互通所带来的潜在优势。

在李平的解释中，过去的互联互通概念仅专注于理性上可利用的优势，因而创造了一个"紧密耦合的系统"。由于缺乏足够的韧性，这种系统无法承受突如其来的危机。[35] 他认为，只有"松散耦合的系统"才能提供足够的韧性。[36] 这些系统不仅依赖于相互连接，还同时意识到潜在的合理化过程以及确定性因素的存在。因此，一个"既开放又封闭，既不确定又理性，既自发又有意"的组织应运而生。

为了达到这种境界，有必要在理性和决定论这两个对立原则之间达成辩证平衡。作者将其称为"阴阳平衡"，并将其发现与西方哲学中的辩证法进行比较。这有助于我们更好地理解松散耦合系统在实际中的运作机制。在西方哲学中，辩证法虽然有多种不同的解释，但其核心在于强调事物的关系属性，这些属性源自事物之间的相互关系，并且可以随着关系的变化而变化。即使这些属性在当前不明显，它们依然是事物固有的一部分。[37] 在黑格尔的例子中，许多人认为生与死是对立的，尽管它们实际上密切相关。一个人的生命中包含他的死亡，反之亦然，只有活过的人才能经历死亡。因此，被研究的对象既是开放的，同时又是封闭的。就其当前实现的关系属性而言，它是封闭的，但就特定事物可能具有的关系属性而言，它又是开放的。这种同时开放和封闭的状态正是松散耦合系统的一个特征。值得注意的是，这种观点与加迪斯关于战略思维的研究高度一致，即一个优秀的战略家必须同时具备刺猬和狐狸思维模式。

西方互联互通模型缺乏韧性的重要原因之一是，它没有考虑到关系属性的变化或外部世界的变化。

由于必须不断地检查偶发情况，这使得系统或流程难以实现合理化。[38] 现代供应链的发展就是一个很好的例子，这些供应链虽然高效，但也非常脆弱。一旦外部环境发生微小变化，或者各个元素之间的关系发生变化，供应链就可能崩溃，或者其性能大幅下降。构建松散耦合且具有韧性的系统的关键原则，可以从李平及其同事奥顿和维克的研究中得到启示。这些学者一致认为，大规模的松散耦合系统在运作时，必须为理性和确定性过程预留空间。但同时必须明确划定每个原则的适用范围，以确保系统的有效运作。

理性和确定性过程应构成系统的技术核心，这意味着决策程序主要由那些创建和运行系统的人监督。然而，在构成系统的各个要素层面，必须为不确定性和开放性留有余地，使这些元素能够灵活应对变化的环境。[39] 这两个层次——技术核心和制度框架——需要保持松散的连接。因此，技术核心的决策者应仅负责制定制度层面的指导方针和期望值，而不应干涉制度层面的具体决策和适应过程。

作者们也都同意，这样的系统不能完全依赖自动化过程来运行。在面对新现象和关系属性变化时，管理层需要介入，以克服系统的惯性。[40] 李平称这种管理方式为"威胁警觉型领导"（Threat-Vigilant Leadership）。其核心理念是，技术核心的决策者必须时刻关注哪些变化正在影响系统的运作，以及这些变化的方向。他们需要在考虑这些因素的基础上，做出适当的决策。

在决策过程中，必须考虑三个因素：模块化、必要的多样性以及非核心行为者的决策自主权。模块化意味着系统中个体元素的可替换性。[41]"必要的多样性"是指松散连接系统的特性，不同性质的元素能够以各自独特的方式，将信息传递给技术决策核心。因此，系统元素需要具备一定程度的多样性，以确保决策过程的可靠性。[42] 最后，决策自主权[43]确保系统的个体元素能够自行处理问题，并主动从更广泛的环境中收集信息。[44]

四　何谓互联互通？如何将其转化为战略？

在我们解释了连接性的不同元素和解释方式，并深入探讨了韧性的概念及其可能的解释方法之后，我们必须问一个关键问题：我们如何定义互联互通的本质？

互联互通首先是一种能力。更准确地说，它是多种能力的集合：既包括一种特定的思维方式，也包括在此基础上采取行动的能力。因此，从政治角度来看，互联互通是管理我们不可避免的相互依赖关系的能力，并通过增加这些依赖关系的数量，以实现相对利益最大化。与此同时，从经济角度来看，互联互通意味着通过提升开放性提升国家或组织的经济发展，改善其在供应链中的地位，并获取最先进的技术。换句话说，互联互通就是抓住机遇的能力，同时也是识别风险的能力。只有能够应对高度连接带来的不确定性，互联互通才能长期为一个国家或组织带来真正的利益。

这些基本原则可以进一步细化为具体的、实用的目标。以组织建设为例，可以看到以下五点：[45]

第一，提高区域化程度，实现某些供应链的本地化。

第二，从两个或更多不同来源进行采购。

第三，平衡国内外采购。

第四，对劳动力进行再培训以提升其灵活性。

第五，创建一个通常由三个基本元素组成的运营结构：

（1）广泛且模块化的控制节点。

（2）具有自主性的外部机构。

（3）开放且前瞻性的咨询机构。

如果我们将这些原则具体应用于国家运作，可以更清晰地看到互联互通战略所需的要素。国家的运作必须在最广泛的意义上符合其既定目标。基于上述第五点，这不仅涉及制度层面，还包括个人层面的因素。对立原则的平衡无法单靠制度化和机械化的过程来实现，需要在关键时刻由决策者来"增强自动化过程"。[46] 要实现这一目标，决策机制必须具备特定的结构和层次。国家需要建立一个控制中心，以全面掌握国家整体运作的动态。同时，还需设立具备自主决策能力的自治小组，能够在独立处理事务时保持高效运转。除此之外，咨询机构也必不可少，这些机构应具备强大的分析能力，能够持续警示决策者潜在的风险，并协助他们捕捉新的机遇。

更具体地说，基于连接性的战略要有效运作，国家需要具备以下条件：

第一，稳定的政治领导力。

第二，经济行为体在实施战略时的支持（如自主的外部行为体）。

第三，具有国际相关性和连接性的机构以帮助决策（如研究所、大学、智库等）。

第四，深厚的区域融入。

第五，平衡国内外采购来源。

第六，受过良好教育的国民。

这些要求适用于任何致力于实施互联互通战略的国家。然而，这只是一个基本框架，匈牙利需要为其填充具体的内容和实践措施。我们匈牙利人能做到吗？

注释

1. 在社会科学文献中，互联互通的研究主要基于与规模无关的网络模型，就该领域的研究成就而言，匈牙利被认为是一个知识超级大国。过去几十年间，这一领域的重大科学成果几乎都出自匈牙利研究人员之手。其中，最为重要的科学概念之一是 Erdős-Rényi 模型，另一个则是 Barabási- Albert 模型（Erdős-Rényi，1959；Barabási-Albert，2002）。

2. 在这些著作中，最为知名的是于 2016 年出版的《超级版图：全球供应链、超级城市与新商业文明的崛起》（*Connectography: Mapping the future of Global Civilization*）。这本书将连接性作为一种描述全球化的模型，引入了公众的讨论视野（Khanna，2016）。

3. Keohane-Nye，2011。

4. Waltz, 2010.

5. 在20年后出版的一部作品中，华尔兹进一步阐明了新现实主义对于国际关系与相互依存的观点。从新现实主义的角度出发，国家间的经济关系并不会显著影响国家的决策。国家通常认可并维持这些关系，支持相互依存，但一旦发现另一个国家利用这些关系，便会进行干预和破坏。20世纪80年代日本与美国之间国际投资关系的恶化便是一个典型的例子。在这部作品中，华尔兹也谈到全球化受制于同样的逻辑。全球化自然存在，是一个自发的进程，但其速度和发展质量由各国决定。他指出，在历史上的某些时期，贸易自由化的趋势被保护主义取代。统计数据显示，从1850年到1914年，国际贸易和资本流动显著增长；然而，从第一次世界大战结束到20世纪60年代末，这些指标大幅下降，直到20世纪70年代才再次回升。

6. 冷战结束后仅几年，经济关系逐渐显现出取代武装冲突成为地缘政治主要工具的趋势。亨廷顿认为，大国之间爆发军事对抗的可能性已经微乎其微，国家间的冲突和等级的确立将主要在经济领域进行（Huntington，1993）。延续亨廷顿的逻辑，爱德华（Edward Luttwak）提出了"地缘经济学"这一术语，意指"用经济语言表达的战争逻辑"（Luttwak，1990）。

7. 这个问题尤其引人注目，因为另一项研究中，萨克斯和华纳分别考察了依赖能源出口的国家与依赖工业和服务出口的国家的贸易政策对经济增长的影响。他们得出的结论是，依赖能源出口的国家，其经济增长率低于出口结构更加多元化的国家。能源产品的出口会随着全球市场价格的波动自然增加消费（Sachs-Warner，1995b）。

8. Sachs - Warner, 1995.

9. Edwards, 1998.

10. 经济开放程度与吸收新知识和创新能力之间存在正相关关系（Helpman, 2004）。

11. Frankel-Romer, 1999.

12. Keller, 2009.

13. 技术外溢是指一家公司开发的技术在无意中扩散，使其他参与者（如国家、公司、大学和研究中心）能够利用这些技术。

14. 关于外商直接投资（FDI）、技术溢出与经济增长之间的关系（Alfaro et al., 2004; Keller, 2009）。

15. Grossman-Helpman, 1994.

16. 1990 年后世界秩序中的重要机构及其专家们，主要将互联互通与经济增长及经济趋同联系起来解释。例如，关于千年发展目标（MDG）的实施，联合国表示，世界贸易是经济发展的引擎（De Cordoba - Bouhey，2008）。曾担任联合国秘书长顾问的萨克斯强调，人类之所以选择全球化，是因为随着几个世纪以来日益密切的互联互通，经济也实现了显著增长，这证明了全球化计划的优越性（Sachs，2020）。国际货币基金组织（IMF）则表示，互联互通以及日益增加的跨境贸易和金融流动，带来了强劲且持久的经济增长，并为各国带来了进入新市场、更有利的融资条件和资本流入等经济利益（IMF，2012）。世界银行的研究指出，那些很好融入全球网络的国家，是技术发展和经济增长圈子的成员。然而，缺乏连通性则成为未来经济增长和发展的主要瓶颈（Jansen，2014）。

17. Gould-Kennett-Panterov，2019.

18. 关于区域互联互通的概念，值得注意的是，非西方世界在发展方面处于领先地位。非西方世界对互联互通的解释有所不同，在这一背景下，主要关注增强区域互联互通和抵御西方的影响。因此，互联互通主要意味着提升非西方世界的竞争力，并提供西方机构的替代选择。虽然连接到全球网络是次要目标，但在这一背景下仍然是优先任务。例如，亚洲开发银行（ADB）表示："为了使亚洲更能抵御外部冲击，其经济体必须更加关注以区域需求和贸易为基础的经济发展模式要素，发展区域的互联互通是实现这一目标的手段。"（Bhattacharyay，2010）根据亚洲开发银行专家的说法，互联互通也可以作为应对美中地缘政治竞争所带来的经济威胁的一种手段。这一方法的核心在于，该地区国家应当在彼此之间多样化其生产链，从而减少对其他国家的依赖（Herrero，2023）。在2022—2026年战略中，金砖国家新开发银行（NDB）明确提出，该银行希望成为世界经济中的一个新的多边金融机构，并在非西方世界中发挥领导作用（NDB，2022）。东南亚国家联盟（ASEAN）早在2010年就通过了一个互联互通总体规划。在2016年对这一规划的最新审查中，成员国强调需要为多极世界秩序做好准备，其中加强成员国之间的连通性将发挥重要作用（ASEAN，2016；Bathelt，2004；Giuliani，2007；Graf-Krüger，2010）。

19. Hémond-Robert, 2012.

20. Holling, 1973.

21. Walker et al., 2004; Folke, 2006.

22. Lentzos-Rose, 2009.

23. Hamel-Välikanga, 2003; Seville et al., 2006.

24. ASIS International, 2009.

25. Bourbeau, 2015.

26. Prior-Hagman, 2013.

27. 一个明显的例子是大众汽车公司。2021年晚秋，一向乐观的大众汽车公司首席执行官赫伯特·迪斯（Herbert Diess）表示，大众集团在2021年将不得不公布5亿欧元的亏损。由于东南亚微芯片的短缺，全球最大的汽车制造商大众的生产和销售大幅减少。仅汽车行业表现不佳一项，就使德国经济损失了470亿欧元的附加值，相当于国内生产总值的近1.3%（Duthoit-Lemerle，2022）。

28. 欧洲能源危机有几个相互关联的原因，其中最重要的原因之一是天然气市场的运作。在西欧，目标是创建一个天然气市场，天然气供应商将在其中竞争，决定价格水平。市场模式的基础正是互联互通：欧洲国家不仅可以从传统的挪威和俄罗斯购买液化天然气，还可以从中东甚至澳大利亚购买液化天然气。由于乌克兰危机，欧洲大部分地区放弃了俄罗斯天然气，因此对于市场而言，液化天然气运输成为了生死攸关的问题。

29. Fitzgerald, 1936.

30. Berlin, 1953.

31. Gaddis, 2018.

32. 李平还指出，1970 年后这些古代原则再次体现在中国国家治理的实践中。

33. Li, 2020.

34. Gleick, 1987.

35. Orton-Weick, 1990; Zhou, 2020.

36. Li, 2020.

37. Hegel, 1979.

38. 西方文化在最初面对需要同时实施相互矛盾原则的情况时，常常难以应对（Thompson, 1967）。

39. Li-Zhou-Yang, 2020.

40. Orton-Weick, 1990.

41. Page-Jones，1980.

42. Beekun-Glick，2007.

43. Day-Schoemaker, 2006.

44. 如果我们将人体看作一个松散连接的系统，我们的眼睛有时会在意识的引导下注视某物，但它们也具备自主（本能）聚焦的能力。当感知到危险时，它们会自动去识别危险。

45. Li, 2020.

46. Orton-Weick, 1990.

第二节 骠骑突击："拱心石国家"概念 将引领匈牙利采取基于互联互通的战略

向西进发，但永远不要忘记你来自东方。

桑多尔·马赖（Sándor Márai）

我们匈牙利人有这个能力吗？这个问题合情合理。回顾第二章节提及的经验与教训，我们需要制定一个能够充分发挥我们的文化、地理以及经济优势的战略，即一种基于互联互通的战略。第二章节还表明，世界正朝着脱钩以及阵营化的方向发展。尽管有明确证据表明，这种趋势既不符合广泛西方世界的利益，也与匈牙利国家利益相悖，但匈牙利尚不足以左右这些全球进程的方向。这就是"骠骑突击"目标之所在，即采用一种骠骑兵式的态度、自我形象或战略定位，使我们能最大限度利用自身优势，尤其是建立联系的能力。幸运的是，相关文献确实存在采取这种战略的国家的理论描述，即"拱心石国家"（Keys Tone State）概念。

此概念相对新颖。其提出基于一个事实，即近年来研究者开始意识到传统方法不足以充分描述个体国家在整个国际体系中发挥的作用。传统国际关系分类体系基于世界各国在经济、政治、军事实力方面的等级差异，认为可以把各国按照实力、声望及影响力进行线性划分，从超级大国到小国不等。

冷战期间，"超级大国"（Super Power）一词不仅在公共讨论中广泛使用，也融入了专业术语体系。冷战开始之前，国际关系分析主要聚焦于权力平衡、大国协调以及以欧洲为中心的国际体系模型之上。[1]冷战时期两极国际秩序的形成使得"超级大国"的概念显得更加合理，且更易于理解。福克斯认为，超级大国实力远超多数国家，在所有重大国际决策中拥有否决权，且其影响力直达遥远国度。[2]这种权力正是基于其压倒性的实力优势。[3]一种理论指出，任何国家都无法阻止超级大国按照其意愿施加影响。[4]也就是说，超级大国有明确界定的影响范围，范围之内只有它们拥有最终决定权。

在讨论大国（Great Power）这一概念时，我们需要认识到其定义的模糊性。[5]大国界定的主要标准是它们的力量投射能力显著，远超多数国家。[6]此外，大国的显著特征为，他们更关注本区域的动态，而对全球进程施加（或寻求）的影响力较小。因此，它们对全球秩序的影响力有限，并不像超级大国那样具有支配性。根据常见定义，大国通常指七国集团（G7）以及金砖五国（BRICS）中的非超级大国。

中等国家（Middle Power）通常在本地区拥有较大影响力。它们的显著特征是能够在国际体系中采取单边行动，但往往被迫结成联盟，在国际冲突中，它们更倾向于采用外交手段或寻求共识的方式解决问题。[7]这些国家的"软实力"以及其区域影响力是其政治资本的核心部分。[8]在冷战时期的国际秩序中，由于其构建的区域联盟网络，中等国家对于大国及超级大国都举足轻重，作用得到了显著增强。[9]地区强国（Regional Power）在这一线性结构中处于第四级。这些国家在本地区经济上发挥主导作用，如推动区域经济一体化。同时，凭借自身军事实力，在地区安全事务中影响力不容忽视。尽管如此，地区强国在全球体系中的影响力并不及中等国家或大国那样广泛，它们的影响力主要局限于地区内部。然而，处于这一层级，地区强国通过强化联盟体系，寻找合适区域盟友，以赢得其他国家支持，从而巩固在地区事务中的影响力。

这些是国际关系中关于国家及其相对力量最重

要、最广为接受的概念。然而，随着世界秩序的
变迁，一些国家所处的形势或扮演的角色已不完全
属于这些范畴。部分外交战略也不再完全符合上述
定义，昭示着传统概念的适用性正在减弱。美国在
2017 年安全战略中引入了"修正主义大国"这一术语，
并在 2022 年安全战略中以"实行修正主义外交政策
的大国"重新定义。[10] 在美国的这些文件中，这些
概念主要用于描述其对手，与小国到超级大国的传
统力量等级关系不大。而在中国的外交政策框架中，
我们看到了"中等强国"这一表达，指的是"实力
高于平均水平的国家"。[11]

　　因此，外交政策思维中的变革迹象已然显现。
我们认为，理解和分析过程中应当敢于采纳那些可
以补充传统分类的新概念。例如，"区域中等强国"
（Regional Middle Power）就是这样一个新的概念框
架，指那些国家规模相对较小，但有能力对国际体
系施加类似中等强国影响力的国家。然而，不同于
中等强国的是，它们并不寻求霸权。相比之下，区
域中等强国并不具备辐射所有地区，甚至自身地区
的绝对力量优势，因此依赖于区域合作。[12]

　　区域中等强国这一类别非常独特，它结合了地
区强国和中等国家的特征。与其他国家相比，区域

中等强国的绝对优势在于它们在国际体系中拥有最密集的、全球层面的联系网络。因此，在基于互联互通的模式中，区域中等强国的表现尤为出色。

综上所述，区域中等强国似乎是描述匈牙利及其战略目标的最佳模型。我们所具备的优势、能力、机遇，无法通过传统范畴概括，若我们对自身定位认知有误，就可能导向错误的结论，制定不恰当的策略，自然应当尽可能避免这一状况。因此，我们建议采纳"拱心石国家"这一概念，将其作为解释匈牙利状况的总体框架，这一概念正是受到区域中等强国[13]启发而形成的。

一 "拱心石国家"概念的起源

《牛津英语词典》将"keystone"定义为"拱门顶端的中心石块，将整个拱门牢牢锁定"，或者出"某个系统或政策的核心原则，其他部分都有赖于此。"当然，同其他定义一样，这个定义并非详尽无遗，但也足以满足我们讨论的需求。有趣的是，牛津词典给出的定义使用了"锁定"（Lock）一词，碰巧的是，"keystone"在匈牙利语中是"zárókő"，大概意思就是"起锁定作用的石头"。但为何英文中会使用"key"（钥匙），而不是"lock"（锁）来描述这一概念呢？

汇聚的拱门向相反的方向施力，拱门的两部分就像相互推挤的摔跤手，若失去对方的支撑，他们就会因自身不平衡的重量而倒下。这种相互作用的力量彼此挤压，相互推动，能够形成一个统一的整体，因为拱心石将它们锁定在一起，一旦脱离，整个结构将瓦解崩溃。拱心石虽然材质与其他石块无异，大小也未必有太大差别，但若是用数学术语来表述拱心石与拱门其他部分的石块有何区别，未免颇具挑战。这种区别在于其功能、目标和所扮演的角色。拱心石必须独立于两半拱门之外，这样才能形成平衡。但同时也必须与两侧拱门吻合，才能完成其使命，这就是异中存同，同中存异。

在诠释拱心石国家在国际体系当中的作用时，情况有着异曲同工之妙。这种拱心石国家通常位于区域地缘政治断层线上，这里文化、宗教和文明相互冲突，可能为整个区域带来压力，甚至可能使地区分裂为相互争斗的敌对势力。这正是拱心石国家的用武之地，通过在各方力量中斡旋，帮助稳定其所在区域。尽管从人口和土地面积等基本人口指标来看，拱心石国家可能并不比区域内的其他国家更大，但其目标、职能和自我定位却与众不同，显著区别于其他国家。

因此，拱心石国家的任务是双重的。首先，它需要在塑造本地区方面发挥作用，事实上，它必须作为一个独立的行为体，引领本地区在国际上崭露头角。其次，拱心石国家必须与对立势力建立联系，这种联系可能在某些方向上更紧密，某些方向上相对疏离，但总体上需要保持平衡。它不仅要与这些力量找到共通之处，还要保持其独特性。正因如此，由于这种独特的自我认知，拱心石国家的意指远超自身：它的能力远超其经济实力、军事实力、人口规模或其他量化指标所能反映的。这种战略定位早已存在，但直到最近才开始受到严肃的研究与详尽的描述。

要准确理解拱心石国家的自我认知与战略，我们需要回溯其历史脉络。尽管这一术语在 21 世纪的国际关系研究著作中才真正广泛流行，但在更早的时期，已有国家符合这一定义。例如，19 世纪的奥斯曼帝国因其关键的地理位置，成为英国和俄罗斯处理"东方问题"时不可回避的焦点。[14] 此外，在学术研究中，我们可以追溯到 20 世纪初对这一概念的首次阐述：哈尔福德·J. 麦金德（Halford

J. Mackinder）在 1904 年发表的《历史的地理枢纽》中首次引入了所谓的枢纽地区概念。[15] 然而，拱心石国家和枢纽国家的概念只是在近几十年重新回到这一领域研究的前沿。这可能与以下事实不无关系：在单极世界秩序中，考虑一个国家如何在多个大国的影响范围内发挥其作用意义不大。而随着世界秩序持续演变，这一情况已经改变，因此之前奄奄一息的研究领域又重焕生机。[16]

在现代英语中，"枢纽"（Pivot）一词有双重含义，既可用作动词，又可用作名词。作为名词时适用于国际关系，指的是大国行动和活动的中心点或关键轴心。作为动词时，它描述了个别国家的一种行动模式，通过它们的自主政策，能够脱离一个大国的势力范围，转而进入另一个大国的势力范围，改变它们在利益圈内的环境和地位。[17]

伊恩·布雷默于 2012 年出版的《各国自扫门前雪》（Every Nation for Itself）一书，是讨论这一话题的必读之作。[18] 布雷默在此书首次引入了 "G-zero"（零领导力）的概念，意在描述一个全球化的新阶段。在这一阶段，传统的世界秩序规则及其监管机构已不再有效，而新的世界秩序规则和监管机构尚未形成。从这本书的分析可明显看出，我们目前已进入了这一阶段。在这种中间状态下，各国面临着如何与旧秩序建立联系以及如何为未知状况做好准备的双重挑战。在这二者之间找到平衡十分困难，坚守旧秩序的国家可能会在竞争中失去优势，而那些急于迈向新秩序的国家，则可能面临与维持现状国家关系恶化的风险。

图 3-4　历经千年仍屹立不倒的拱心石：
哈德良凯旋门（土耳其伊兹密尔省以弗所）
资料来源：阿利克斯·唐（Alex Tang）摄影

在此背景下，布雷默还分析了哪些国家可以在"G-zero"环境中取得成功，以及采用何种战略。布雷默将可能的国家战略划分为几个类别。在他看来，在这个瞬息万变的世界舞台上，最大赢家可能就是所谓的枢纽国家。布雷默用这一术语来描述那些能够和多个大国建立互利联系，而又不会过度依赖其中任何一个大国的国家。因此，采取这种战略的国家可以规避任何一个国家（无论在经济层面还是国家安全层面）对其施加过大的影响。布雷默认为巴西、加拿大、哈萨克斯坦、印度尼西亚和几个非洲国家可以被称为枢纽国家。值得注意的是，布雷默还研究了国家可能以什么形式在这些进程中蒙受损失。他认为前景不佳的一类国家是所谓的"影子国家"（Shadow States），这些国家单方面地依赖单一超级大国或大国。例如，他认为墨西哥就是这样的国家，因为它的未来过度依赖于与美国的关系。[19]

如图 3-5 所示，布雷默在评估一个国家的局势时会考虑两个主要因素：一是该国家调解及采取行动的能力，二是国家对单一势力集团的依赖程度。

布雷默的描述阐述了一些基本原则，这些原则涉及国家在不断变化的世界中取得成功可能需要采纳的策略与态度。尽管我们已经了解到，要想成功扮演调解者的角色，国家需要具备行动能力，并避免单方面的依赖。匈牙利在 2015 年被布雷默归类为潜在的枢纽国家，有望成为这一系列变革的赢家。有鉴于此，我们当前的形势评估及面临的任务非常明确：我们已处于有利地位，但需进一步加强并多

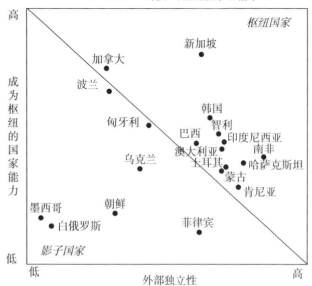

图 3-5　在一个无领导的世界中，那些能与多国建立有益关系而又
不过分依赖任何一个国家的枢纽国家，更有可能取得成功；
而那些被单一大国所困扰的影子国家，则可能败下阵来
资料来源：欧亚集团（Eurasia Group）

样化我们的国际关系。

二　互联互通战略及现有拱心石国家

时代在变迁，新的概念与指意也随之涌现。2015 年，"拱心石国家"一词首次出现在国际关系语境中，并与尼古拉斯·K. 戈伐斯德夫（Nikolas K. Gvosdev）联系到了一起，这就是一个标志。[20] 戈伐

斯德夫首次提到了布雷默的枢纽国家理论（前文已作概述），并指出中国的外交政策框架不仅包括传统的国家实力分类，还新增了"能力高于平均水平的国家"这一概念。[21] 这类国家虽规模不大，却因军事或经济实力非凡，具有超乎寻常的国际影响力。在此背景下，戈伐斯德夫指出，国家可用资源只是一个方面，国家在国际体系中的自我定位以及叙事策略在分类体系中同样重要。他还特别强调了国家在本区域的稳定作用，认为能够维护本地区稳定的国家，可以在国际体系中发挥更大的作用。这样的国家就是拱心石国家。正如戈伐斯德夫所说："顾名思义，拱心石国家能造就连贯稳定的地区秩序。反之，若拱心石国家陷入动荡，就会引发邻国的不稳定。这些国家之所以重要，是因为位于全球体系交界点，是各大国间的调解者，连接着不同国家集团、地区联盟与文明集团。拱心石国家，即便'小'（small）（中国分类法中的'小国'），对于区域乃至全球安全的影响可能远超其国内能力的预期，展现出远超其体量的影响力。"[22]

戈伐斯德夫提出了希望在国际秩序或本区域担任拱心石国家角色应满足的具体条件，包括：

- 特定的地理位置
- 整合能力

地理位置是既定的，因此不是或在很大程度上并非可选择的因素。要想扮演拱心石国家的角色，就必须处于地缘政治条件各异的区域交界处。但也有一定的回旋余地，有时，只要有特定的贸易、运输或通信路线穿过该国即可。

整合能力则较为棘手。简而言之，整合能力指构建积极关系的能力，这种能力能够通过多种途径加以提升。[23] 将戈伐斯德夫提出的要点纳入本书的思考方式中。一个国家若满足以下前提条件，就能获得整合能力。

- 确保及维持秩序的能力至关重要。
- 外部安全的保障不可或缺，这就需要一支强大、装备精良的军队。
- 必须保持密切的多向经济关系和大量的外国直接投资。
- 为了抵消经济结构对外部行为者的依赖，国内企业需在国外市场投资，发挥积极作用。
- 要想成为经济和商业交通枢纽，就需稳固的基础设施来奠定物质基础。

● 围绕共同利益制定务实的、以联盟为基础的外交政策至关重要。

● 通过在区域内扮演调解者的角色，国家不仅能提升自身价值，还能保障区域的安全和稳定。

相对于经济或军事实力而言，主办国际活动可以让一个国家在塑造外交关系方面发挥更大的作用。此外，戈伐斯德夫还列举了已扮演拱心石角色的国家，说明它们是如何实现这一点的。

● 约旦：在本地区保持中立，置身冲突之外。

● 哈萨克斯坦：通过多样化其经济合作伙伴。

● 阿塞拜疆：依靠与大国保持良好关系，加之许多过境路线贯穿该国。

● 印度尼西亚：通过积极参与东南亚多国联盟体系。

注释

1. 毫无疑问，欧洲大国在非欧洲地区的竞争事件，以及欧洲大国与某些怀揣帝国梦想的非欧洲国家间的冲突目前尚未得到充分研究。然而，有一系列历史学派，基于强有力的论据，认为19世纪和20世纪上半叶（直至1941年）的冲突实际上是一场欧洲内战。也就是，欧洲大国间的竞争重塑了世界秩序（Preston，1996；Payne，2011；Nolte，1997）。

2. Fox，1944.

3. 超级大国的权力受到错综复杂责任网络的制约，这需要它们保持细致的平衡。超级大国拥有绝对压倒性实力的同时，为了维持自己所构想的国际体系，需要在其他国家眼中维持其合法性，并非所有问题都可以简单通过武力或胁迫来解决。此外，毫无疑问的是，超级大国需要不同力量的支持，包括中等强国与区域强国。换言之，超级大国拥有绝对优势，但这并不意味着它们的力量无穷无尽。合作与平衡的必要性是为"超级大国的傲慢踩下刹车"（Bull，2002）。

4. Morgenthau，1972.

5. 在界定"大国"这一概念时，会发现在分析国际体系变化规律方面存在一些难题。在此过程中，我们接触到多种分析国家相对实力及实力变化（国家的兴衰）的理论。因此，要理解大国的概念，就需要掌握诸如权力转移理论（Organski-Kugler，1980）、霸权战争理论（Gilpin，1981）和长周期理论（Modelski，1987）等解释性模型。

6. 确定大国地位时，需考虑六个方面：人口与领土、资源的有效开发、经济效能、军事实力、政治稳定性以及政治实力等。当然，大国并非必须在所有这些方面都胜过其他国家，稳定的政治局势决定其须在哪一领域中表现出色，但同时大国不能在其他领域低于平均水平。大国最重要的特征是有能力对其他国家发动进攻性战争。除军事实力外，大国的关键特征还在于其能够在战略层面进行深入思考，力求将成本降至最低。他以英国在19世纪和20世纪初无可争议的大国地位为例。英国的经济使其能够维持最强大的军事力量（尤其是皇家海军），但它并没有试图在军事上征服欧洲，而是让潜在的超级大国相互对立。米尔斯海默认为，这也是美国的战略：在西方，它显然是霸权大国，而在世界其他地区，它则试图努力防止类似的霸权大国出现（Waltz，1993）。

7. Cooper-Higgott-Nossal, 1993.

8. 这种影响力可以扩展到本地区之外的政治领域，尽管程度有限（Lyon-Tomlin，1979）。加拿大就是一个很好的例子，其作为"诚实的中间人"的政治形象使它在多个冲突解决局势中获得了显著影响力（Dewitt-Kirton，1983）。

9. 基于此，几个中等强国，如波兰与荷兰在国际体系运作中的影响力超出了基础实力所能预见的范围（Moyer，2018）。

10. The White House，2017.

11. 我们稍后会重新探讨这一分析。

12. 其他人也持相同立场。有学者探讨了被认为是"主流"的概念的相关适用性问题（Robertson-Carr，2023）。有学者认为有必要重新定义当代国际关系中的"中等强国"一词（Moeini，2022）。

13. 有学者提议将"拱心石国家"定义为一个新的权力类别。值得一提的是，上述问题同样出现在匈牙利的地缘战略与经济思维中。宏观经济研究所采用了与我们不同的术语，更倾向于使用"摇摆国"一词，同时也研究和分析了中等强国的回旋余地以及谈判地位（主要是经济方面）（The Macronomic Institute，2023）。

14. Chase-Hill-Kennedy，1996.

15. Mackinder，1904.

16. 布热津斯基（Brzezinski）使用了"地缘政治枢纽"一词（Brzezinski, 1997）。有关这一问题的最新研究，请参见 Cha-Dumond, 2017；Panda, 2023；Tierney, 2016；Winrow, 2003。这不仅适用于国际政治研究，也适用于外交政策规划和实践。以韩国 2022 年太平洋战略为例，其明确目标就是成为全球枢纽国家。

17. 冷战期间，枢纽国家的回旋余地非常有限。这些国家的权力和影响力依赖于国际秩序的稳定，他们的独立行动主要是出于维持现状的需要，而非改变现状（Sweijs，2014）。因此，它们的自由受到严格限制，这也反映了我们之前提到的"枢纽"作为动作的基本属性（Özkan，2006）。

18. Bremmer，2012.

19. 值得注意的是，一个国家无论是过度依赖某个大国，还是完全失去大国的支持，都可能使该国陷入不利的境地。例如，当一个大国彻底撤离一个枢纽国家，让其"自生自灭"，这个国家可能会采取报复行动，转而与大国对立。阿富汗是一个典型案例。在冷战最冷的代理战争中，美国曾大量支援阿富汗对抗苏联的入侵。但冷战结束后，美国不再把阿富汗作为地缘政治的焦点，任其自生自灭。结果，仅仅十年之后，阿富汗就成为针对美国的国际恐怖主义的一个主要策源地之一。

20. Gvosdev，2015。另见其之后该主题出版物，（Govsdev，2020）。

21. Gvosdev，2015.

22. Gvosdev，2015.

23. Gvosdev，2015. 顺便提一下，戈伐斯德夫在整合能力的概念基于阿米泰·艾丘尼（Amitai Etzioni）的社群主指外交政策理论，他自己也单独撰写了相关文章（Gvosdev，2014）。

第三节 匈牙利：迈向拱心石国家之路

在生活中，我们真的能同时爱上两个女人吗？我不知道；但我们肯定无法同时爱上两个祖国。

厄特沃什·约瑟夫（József Eötvös）

从上述分析中可以看出，世界上已经有国家成功扮演了拱心石国家的角色。这些国家不仅制定了有效的战略，开辟了突破性的发展路径，还基于他们所采取的角色定位，展现出强大的调解和稳定能力。它们无一例外地利用了其特有的优势，最大限度地发挥了拱心石国家的作用，并从中获取了诸多机会。因此，从理论上说，这条路径是可行的，并且已有国家证明了其可行性。那么，匈牙利是否也能扮演这样的角色？它能否成为一个拱心石国家，并采取以互联互通为基础的发展战略？

我们坚信，匈牙利不仅具有成为拱心石国家的巨大潜力，而且几乎可以堪称这一角色的典范。通过采用基于互联互通的战略，匈牙利将迅速发展成为发达国家和区域中等强国。我们的信心来源于以下四个关键因素：第一，匈牙利拥有得天独厚的地理位置和卓越的能力，这为其提供了独特的优势；第二，匈牙利坚定的政治价值观为其发展奠定了坚实的基础；第三，通过拒绝阵营化，匈牙利为自身经济发展开辟了新的路径；第四，匈牙利国家运作的独特方式几乎注定了其拱心石国家的角色。接下来，我们将深入探讨这些因素，详细分析匈牙利迈向拱心石国家的具体路径和战略。

一　匈牙利的地理优势

在上一小节中，我们详细探讨了成为拱心石国家的关键标准，其中地理位置的重要性不言而喻。在这一点上，匈牙利凭借其得天独厚的地理优势，成为了区域拱心石国家的绝佳候选者。

美国知名杂志《国家利益》（ *The National Interest* ）的前主编卡洛斯·罗亚（Carlos Roa）曾在匈牙利进行研究，并得出了相同的结论。他在《匈牙利保守派》（ *The Hungarian Conservative* ）发表的一篇文章中强调，匈牙利因其所具备的关键特征，特别适合扮演拱心石国家的角色，并强调这一角色和战略对匈牙利具有极大的益处。[1]

从地理位置上看，匈牙利位于西欧、俄罗斯和土耳其利益交汇的战略要地，因此能够充当政治中介和经济枢纽的角色。匈牙利是欧亚贸易的天然中心，并在这一方面已经发挥了重要作用。为了充分利用这一优势，匈牙利已经启动了多个投资项目。

尽管此前我们已详细探讨了地缘经济碎片化对国际贸易扩展的严重威胁，但在新冠疫情冲击过后，全球贸易量正在回升。[2] 预计到 2030 年，欧洲与东南亚之间的贸易量可能翻倍，年增长率将超过 6%。[3] 东南亚的贸易格局主要由与中国的贸易关系所主导，其中高达 70% 的贸易往来是通过海港进行的，这本身就意味着巨大的商机与潜力等待发掘。[4] 此外，中欧贸易中有 25% 的贸易涉及航空运输，其余则由铁路运输承担。

匈牙利也在积极寻求在海运、航空和铁路运输领域占据优势。2020 年，匈牙利买下了的里雅斯特港的一个码头。近年来，亚得里亚海在全球贸易中的竞争力日益增强，的里雅斯特港在过去十年中商业流量几乎翻了一番，其主要优势在于它拥有连接大约十个国家的铁路网络。[5] 匈牙利的码头计划于 2026 年全面运营，届时将有能力处理多达 250 万吨的货物。[6]布达佩斯国际机场的巨型货运城市物流中心是航空互联互通发展的一个典范，扩建完成后，该中心将处理约 24 万吨的货物。铁路贸易的发展同样潜力巨大。得益于与欧盟内部的紧密贸易联系，铁路货运已经取得了显著的增长，其跨国运输量更是远超欧洲平均水平，占据了总运输量的 80% 以上。[7]2024 年，与中国相关的铁路运输增长了 27%，[8]而与金砖国家的外贸总量增加了约 10%。[9]目前匈牙利与中国的铁路运输主要经由北方，即途经俄罗斯，[10]通过中亚和高加索国家的铁路交通多样化发展，即"中部走廊"，铁道线路正变得多样。这一走廊与海洋运输并行，将有助于从南方向欧洲输送货物。[11]在铁路互联互通的发展进程中，匈牙利涌现出两个重要项目。其一是位于匈牙利东部的东西门场站（East-West Gate Terminal），连接北方路线的运输网络。而进一步提升这一高科技多式联运物流中心竞争力的关键因素在于，波兰的物流中心作为北线的唯一门户，目前已超负荷运转，其运载能力已远不能满足当前的货运需求。[12]其二是连接南部贸易的布达佩斯至贝尔格莱德的铁路线，该线路进一步延伸至希腊的比雷埃夫斯港，将地中海航运与中部走廊紧密相连。[13]显然，匈牙利的货物物流，特别是在区域对外贸易方面，离不开发达的高速公路网络支持。自2010年以来，我们已新建35条跨境公路，将11个边境口岸升级为高速公路。同时，我们还完善了国内公路网络建设，目前，匈牙利25大城市中的21座可通过高速公路到达，且全国只有不到10%的领土距离高速公路网的车程超过1小时。[14]

此外，匈牙利因多项重要能源基础设施而成为能源枢纽，包括斯洛伐克—匈牙利天然气互联管道（Slovakian-Hungarian Gas Inter connector）、阿拉德—塞格德天然气管道（Arad-Szeged Gas Pipeline）、土耳其溪天然气管道（Turkish Stream Gas Pipeline）、克罗地亚液化天然气接收站的连接，[15]以及几乎与所有邻国的电网连接[16]和"友谊"输油管道（Barátság Oil Pipeline）。这些能源基础设施不仅横贯匈牙利，还与匈牙利境内更大的能源系统相连。

匈牙利正积极利用其核心外交优势，这对于发挥其拱心石国家作用至关重要。这种优势主要体现在匈牙利务实的态度和政策上，这些政策优先考虑国家利益和国内需求，从而使匈牙利成为国际瞩目的焦点。凭借其独特的地理位置、强大的能力、完善的基础设施（包括未来的发展规划），明确的政治议程（致力于和平与稳定，推动独立的中欧叙事），以及良好的东部关系和西部一体化，匈牙利完全有能力作为地区的拱心石国家，实施以互联互通为基础的战略，并在当前世界秩序变动、缺乏固定规则的背景下脱颖而出。[17]

然而，为了取得成功，匈牙利必须谨慎管理其经济依赖，以避免形成单边依赖。保持与西方盟友的密切联系至关重要，同时还需努力成为区域中不可或缺的一员，发挥稳定形势、整合资源与调解矛盾的作用。从这个角度看，我们的双重目标是减少对西方的单边依赖，同时保持与西方盟友的良好关系。匈牙利经济是西方经济体系不可分割的一部分，匈牙利近 80% 的出口产品销往西方。但从政治角度来看，与西方国家的关系因众多争议点而蒙上了阴影。如果我们真心致力于减少单边依赖，并同时保持与主要大国的良好关系，那么在处理匈牙利与西方的关系时，我们将面临一场十分艰巨的挑战。许多西方国家同样面临单边依赖的问题，这可能带来一系列政治后果（正如我们在与欧盟的讨论中所见）。与此同时，试图减少单边依赖（例如，向东方或南方开放）也可能引发西方伙伴的政治抵制。

二 传统价值的体现

1990 年以后，匈牙利最大的摇滚乐队之一"坦克陷阱"（Tankcsapda）的歌曲《天堂游客》（*Mennyorszag Touris*）中有一句歌词："新闻全是你，报纸满载你。"其实，不仅仅是这一句歌词，整首歌的隐含信息都与本书的主题相呼应：在如今的世界中，即使是神圣的恩典之举，也不过是一种服务，其结果与所附小册子中的承诺大相径庭。这首歌在多个方面都显得预言性十足。综观西方媒体，我们可以发现，匈牙利在新闻中的曝光率远远超出了其国土面积、经济实力或军事力量所能解释的范围，媒体报道充斥着我们的身影。

那么，为何匈牙利频频成为西方新闻的焦点呢？因为匈牙利大力支持西方传统价值观，而这些价值观恰恰是所谓的"西方进步自由力量"正在逐步削弱并试图抹去的核心要素。[18]

这也解释了为何我们的国家经常在西方媒体中被描绘成某种反派角色。然而，这场价值观之争并非毫无悬念地一边倒。尽管匈牙利经常遭到自由派媒体的批评，但这并不意味着没有西方人理解并认同匈牙利的立场。事实上，我们目睹了一个有趣的现象：在批判之余，越来越多的人开始对匈牙利表示出浓厚的兴趣、赞赏和支持。[19] 不仅如此，每当国际舞台上发生重要事件，一些新闻机构总是迫不及待地寻求匈牙利的回应，因为这为他们提供了构建引人入胜"故事"的绝佳素材。因此，无论你对匈牙利的政治立场和价值观持何种态度，要想完全避免听到与其相关的消息，确实需要费一番功夫。匈牙利对传统价值的坚守，正是其在全球范围内建立多元联系和影响力的关键所在。

确实，这些话语或许在初听之下显得赘余，因为古典价值观素来是西方世界内部紧密联结的纽带。然而，这恰恰触及了一个值得深思的问题：西方文明究竟始于何时？是古希腊的智慧之火，古罗马的宏伟殿堂，抑或是犹太教和基督教教义的确立？又或者如奥斯瓦尔德·斯宾格勒（Oswald Spengler）所言，西方文明是在这些元素首次融为一体，形成一个有机整体之时，即公元第一个千年之末——才真正诞生的？不论其起点如何，无可否认的是，在西方文明的历史进程中，至少在过去几十年，这些传统价值观始终代表着西方国家之间持久合作的共同文化和文明基础，即一种超国家的凝聚力，维系着西方世界的统一与合作。

尽管本书篇幅有限，无法穷尽每个时代的例子来佐证这一观点，但我们可以回溯至西方文明的黎明——中世纪。那时，普世教会作为一个共享的平台，基督教塑造了西方各国组织自身的价值体系。一个鲜明的例子是第二次世界大战后的欧洲重建时期。彼时，英语国家发展出的资本主义原则和民主理念与欧洲的基督教民主原则相结合，不仅重建了整个欧洲大陆，还成功促成了欧洲国家共同体的诞生。对于今日的自由主义者来说，这一现象无疑是一个深刻的警示。尽管他们怀揣着建立强大欧洲帝国的梦想，但在过去的几十年里，他们却逐渐背离了曾经维系欧洲统一的核心价值观，转而推崇各种离经叛道的意识形态、抽象的价值宣言、虚假的宪法身份和扭曲的法治原则。[20] 这一变化加剧了西方世界的不确定性，并使其全球影响力逐渐削弱。在此背景下，匈牙利坚持捍卫传统价值观，不仅是对其文化认同的坚守，更是其肩负的重要使命。这一态度不仅合情合理，更是对整个西方文明命运深切关注的体现。

无论如何，匈牙利这种面向西方的政策立场，是其成为拱心石国家的重要因素。这一立场不仅在国际社会引起了广泛关注，更使匈牙利在国际舞台上展现出独特的影响力和魅力。同时，这也为那些寻求在各自国家采取类似匈牙利策略的人提供了宝贵的合作基石。通过在具体问题上旗帜鲜明地表明立场，积极支持相关政治解决方案，并组织相应的国际联盟，这一目标将得以实现。2015 年，匈牙利明确拒绝非法移民的举措便是一个典型的例证。起初，西方舆论对匈牙利这一"离经叛道"的态度感到不知所措，不少进步派政客和媒体甚至对匈牙利冠以"种族主义"的标签。然而，随着非法移民带来的负面影响逐渐显现——恐怖主义威胁加剧、犯罪率攀升、社会禁区形成以及反犹主义抬头等，越来越多的保守派欧洲人和美国右翼开始理解和支持匈牙利的立场。自此之后，匈牙利与这些群体建立了更为紧密的联系和合作机会。[21]

与此同时，匈牙利的家庭政策同样彰显出坚定且明确的立场。我们国家通过家庭支持来解决人口问题，而非依赖移民，这一努力在国际上备受关注。尽管进步派常试图以"纳粹"之名抹黑匈牙利的措施，但这一策略终究未能得逞。实际上，匈牙利的家庭支持体系不仅取得了显著成效，还吸引了越来越多的国际目光。[22]在这一领域，国际联盟的构建已初见端倪，匈牙利已然成为支持家庭价值观的各国的汇聚点。

当我们探讨匈牙利对国家主权的支持立场时，可以得出类似的结论。在欧洲，进步自由主义精英日益坚信，西方文明的未来在于超国家治理。[23] 然而，许多西方公民将此视为对其国家主权的侵犯。在欧盟内，匈牙利在政府层面上最为鲜明地支持国家主权。[24]

因此，尽管批评之声不绝于耳，但支持匈牙利的声音同样响亮。这表明，无论你是喜爱还是憎恶匈牙利，都无法忽视我们在国际舞台上的存在与影响力。[25]

同样地，匈牙利与西方世界的紧密联系深深植根于对基督教社会角色的认可与保护之中。在进步派眼中，基督教往往被视为陈旧的观念，但匈牙利却坚守信念，认为在探讨西方文明时，基督教文化基础是不可或缺的一部分。对于西方文明来说，教会的社会教义在政治生活中的存在也至关重要。虽然宗教活动是个人的信仰选择，但正是这些教义曾经造就了欧洲的辉煌。[26] 教皇方济各在其短暂的任期内已经两次访问匈牙利，这或许并非仅仅是上天的安排。在和平问题上，布达佩斯和梵蒂冈的立场高度一致，共同唱响着和谐与稳定的赞歌。

图 3-6　2023 年 8 月 20 日匈牙利国庆日当天，
布达佩斯的天空中呈现出一个十字架形状的灯光秀
资料来源：MTVA

论及和平，匈牙利始终秉持着和平的坚定立场。我们深知，在战争的硝烟弥漫下，建立稳定的关系几乎是不可能完成的任务。对于乌克兰危机，匈牙利坚定不移地倡导和平解决，而这一立场却使得我们常被贴上反西方的标签。[27] 然而，值得欣慰的是，随着时间推移，越来越多的西方国家舆论开始倾向于认同匈牙利的和平主张，全球政治舞台上，停火的呼声也日益高涨。然而，我们必须遗憾地指出，如果这一和平的呼声能更早得到更广泛的响应，那么可能已有数十万无辜的生命得以挽救。

从这一切中我们深刻领悟到，匈牙利应当坚守自身文化和历史中孕育的价值观。尽管这些价值观在某些时候可能引发争议或不满，但它们依然是西方文明不可或缺的核心价值，众多西方政治人物和社会群体均视之为瑰宝，正是这些价值观使西方长期以来在全球范围内赢得了尊敬。坚守这些价值观，有助于确保匈牙利成为一个真正的拱心石国家。

三 合作，而非阵营化

经过对匈牙利经济结构的细致剖析，我们已明确其出口导向、投资激励以及复杂性的特征，并认识到这些特征与当前日益阵营化的世界格局存在不兼容之处。然而，在全球新秩序可能逐渐走向阵营化的背景下，匈牙利如何把握机遇，确保不仅不落后于时代，反而成为其中的佼佼者，成为我们面临的关键问题。我们需要采取哪些具体措施，才能抵御外界试图削弱我们作为拱心石国家影响力的企图，并成功实施我们的互联互通战略，实现突破？

根据研究文献，最成功的关键国家在其战略中通常包含以下重要元素：与多个大国保持良好关系、采取中立立场以及拥有多样化的经济伙伴。换句话说，我们已经掌握了成功的主要策略成分，现在需要做的是根据匈牙利的实际情况进行策略的调整和精准应用。因此，我们的首要任务是在所有场合和平台上拒绝分离和脱钩，哪怕这种策略被某些声音宣扬为降低风险。

不难理解，为何匈牙利不应与任何经济强国脱钩。就匈牙利的前十大进口伙伴而言，2010年匈牙利对非欧盟国家的进口额仅为117亿欧元，而到2022年这一数字已增至300亿欧元，这一增长比例远超过总进口额的增长。[28] 同一时期，我们从印度的进口增长了三倍，从塞尔维亚的进口增长了八倍，从土耳其的进口增长了四倍，从越南的进口更是实现了十倍的增长。[29] 此外，尽管欧盟市场在匈牙利出口中占据核心地位，但匈牙利对非欧盟国家的出口额也呈现出强劲的增长势头。具体来说，对塞尔维亚的出口额增长了四倍多，对墨西哥的出口额增长了四倍，对澳大利亚的出口额增长了三倍，而对阿根廷的出口额更是实现了九倍的惊人增长。[30] 从这一点出发，我们可以看到，在新兴市场中，匈牙利实现了惊人的增长。

我们已明确指出，全球能源和矿产资源的控制权并不主要掌握在西方国家手中。当经济运行、家庭供暖制冷及工业生产所依赖的能源面临供应不足时，必然需要从外部渠道进行采购。[31] 这不仅仅是供需经济法则的问题，更是基本常识。鉴于此，匈牙利无法支持对能源的制裁措施。制裁不仅推动世界走向阵营对立，更可能给西方经济体带来难以估量的经济损失，进而削弱其国际竞争力。[32]

上述发现同样适用于国外投资，与全球技术发展隔绝会阻碍生产链的进步。我们需要东西方的投资，才能在尽可能多的领域参与高附加值产品的生产过程。[33] 贸易数据显示，西方国家在逐渐失去优势，而非西方国家在快速崛起。此外，许多正在经历重大变革的行业中，生产所需的技术、知识、原材料和资源并非完全掌握在西方手中。因此，匈牙利必须正视这一现实，要实现广泛（体量上的）和深入（附加值上的）增长，只有通过维持与各方的广泛合作才能实现。

若我们志在成为拱心石国家，就必须成为贸易和经济关系的枢纽。我们需学会化矛盾和竞争为合作，化分离为联系。单边依赖需由多方位、多元化的关系网络所取代和制衡。[34] 如此不仅能减少安全上的冲突风险，更是能为匈牙利经济升级提供强劲动力。

四 一个有能力和韧性的国家

截至目前，我们已经深入剖析了匈牙利成为拱心石国家所需面对的外部因素。这些要素涵盖了匈牙利的地理位置优势、对西方文明价值的坚守以及通过拒绝全球经济脱钩以减少单边依赖的坚定立场。然而，我们尚未全面探讨匈牙利本身的政治和国家运作的独特性，这些内部因素对于连接战略的成功同样至关重要。在韧性这一维度上，我们不难发现匈牙利拥有的独特优势。匈牙利的国家体系和政治结构为其担任拱心石国家的角色提供了得天独厚的条件。

任何政治体系都面临两个关键问题，即政治合法性和有效运作的能力。这两者是完全不同的概念，也无须共存：试想，一方面，某个治理体系可能高效运作，但缺乏社会支持；而另一方面，分裂且不稳定的政治组织却可能拥有广泛的民众支持。匈牙利历史上曾经历过这种情况。20 世纪匈牙利著名政治思想家毕波·伊斯特万（István Bibó）在 20 世纪中叶提出，他认为自 1867 年奥匈协议签订以来，所有政治体系都面临着合法性不足的挑战。尽管在奥匈帝国时期、第一次世界大战和第二次世界大战之间，政府结构能够制定并实施能够持续几十年的决策，但它们始终缺乏广泛的民主合法性。在奥匈帝国的二元制下，仅不到 4% 的人口享有选举权；而在第一次世界大战和第二次世界大战期间，匈牙利大部分地区都没有进行无记名投票。毕波认为，这最终导致了匈牙利政治过程的扭曲，影响了政治决策和公民的思维。[35]

图 3-7　安布罗乔·洛伦泽蒂（Ambrogio Lorenzetti）的壁画
《好政府的寓言》（*The Alleg ory of Good Government*）
展示了政府治理对国家韧性的决定性作用
资料来源：维基媒体共享资源

在今天的匈牙利，全国80%的居民，即所有成年人都有投票权，他们可以通过无记名投票行使这一权利。每年，国际组织都会对匈牙利的选举进行公正性检查，结果通常显示一切正常。然而，在苏联解体后的20年间，匈牙利始终无法建立一个稳定的政治体系，这在前后持续不断的政治危机中尤为明显。[36] 2010年之后，匈牙利成功选举出一个拥有民主授权的稳定多数政府，既实现了有效治理，也符合民主合法性的要求。

我们可以说这是一场幸运的意外，或是某种狡猾的政治阴谋的结果，但我们相信事实并非如此。真正的问题在于领导者与被领导者之间的关系。根据美国政治哲学家帕特里克·J. 德尼恩（Patrick J. Deneen）的观点，自西方文明起源以来，这一问题便塑造了西方政治思想的核心。在德尼恩的叙述中，这一概念的历史可以这样梳理。在进步意识形态（如共产主义和自由主义）出现之前，领导者的任务是代表整个政治社会，并执行该社会制定的目标和价值承诺。然而，进步意识形态的出现改变了这一点。秉持进步思想的领导者不再关注被领导者的观点（参见柏拉图的《政治家》），而是代表他们所信奉的意识形态目标。"进步的意识形态"通常都带有强烈的目的论色彩，指明了历史进步的方向（历史的终结），政治共同体的成员必须为这一目标而奋斗。因此，政治领导者的任务不再是代表共同体的目标和价值观并将其付诸实践，而是将共同体的资源用于实现这些最终目标。[37] 德尼恩认为，这正是西方自由民主政体面临日益严重的民主赤字的原因，因为选民根本不愿支持西方精英提出的政治和公共政策方案。根据德尼恩的观点，这种情况表明西方社会需要进行一次根本性的政权更迭。在自由主义时代之后，西方必须迈入一个所谓的后自由主义时代。在这个新时代，其核心议程将是重建政策制定过程中共同利益的概念，使其回归应有的中心地位（共同利益保守主义）。[38]

在这方面，匈牙利过去 34 年的政治历程不仅在西方世界中独树一帜，在全球范围内也堪称典范。德尼恩所推崇的政权更迭在这里似乎已经实现。因此，匈牙利的民主合法性水平非常高，且不会以牺牲政治行动为代价。在这样的背景下，匈牙利在效率和合法性上的表现都优于西方老牌的民主国家，而在合法性方面则优于东方的非民主国家。尽管这些非民主国家在某些方面可能表现出色，但由于缺乏公平和定期的选举，我们无法真正了解其政治精英的合法性。正如我们在 1989—1990 年的中欧和东欧所见，这最终可能导致国家突然而彻底的崩溃。

从这一视角审视，匈牙利巧妙地实现了"东西合璧"，即融合了东西方各自的独特优势。这种融合在互联互通和韧性构建方面显得尤为关键。首先，这种策略融合了西方与东方政治解决方案的精髓，使匈牙利能够在两种截然不同的政治生态中灵活应变，游刃有余。其次，正如我们所观察到的，真正的韧性并非仅凭算法化的自动流程即可达成。有时，人类决策必须超越自动化过程的限制，这需要具备政治意愿和行动能力。

此外，匈牙利采取了一系列特别举措，旨在将选民的意见和偏好深度融入政治决策过程中。在重大议题上，匈牙利经常举行全民公投，并定期进行全国性的问卷调查，即所谓的"全国协商"（National Consultations），允许公民对关键议题发表意见。尽管这些活动并不具备法律约束力，但它们已成为公民参与政治决策的重要渠道，迄今已有 152 万匈牙利公民通过这一机制表达了自己的观点。[39] 政府通常依据这些协商的结果采取行动，更为重要的是，匈牙利人民的意见在国际谈判中，为政府在最具争议的问题上提供了重要的参考依据。

只有在这样的基础上，匈牙利才能成功实施互联互通战略，并发挥其作为拱心石国家的独特作用。在当今世界，匈牙利将民主合法性与高效能的国家领导力巧妙结合，形成了一种独特的治理模式，为其他国家提供了宝贵的借鉴和启示。

注释

1. 接下来的段落将围绕几个关键点展开（Roa，2022）。

2. WTO, 2023.

3. 这个估计主要涉及中德贸易。根据渣打银行2021年的数据，2020年中德贸易额为870亿美元。预计到2030年，这一数字将增长到超过1580亿美元（EEAS，2018）。

4. EEAS, 2018.

5. Baniak, 2023.

6. Szabó, 2022.

7. Eurostat，2022b.

8. Blair, 2023.

9. Jingyi, 2023.

10. Jakóbowski et al., 2018.

11. Chang, 2023.

12. K. Kiss, 2021.

13. GT, 2023.

14. Szabó, 2023.

15. IEA, 2023b.

16. IEA, 2023a.

17. 联合国前秘书长的首席顾问表示，匈牙利所实施的互联互通战略在全球范围内堪称典范。这种战略展示了一个正常经济体如何通过有效的连接和协调来实现良好运作（Kohan，2023）。

18. 根据曼哈顿研究所的高级研究员 Chris Rufo 的说法，匈牙利政府通过维护国家文化认同和民主多数，吸引了美国保守派的广泛关注。匈牙利的家庭政策已经在美国产生了深远影响（Bakodi，2023）。在他的书《寄生思维》（The Parasitic Mind）的匈牙利版发布会上，加德·萨阿德（Gad Saad）表示，匈牙利人应感激自己已经免疫于当前在全球范围内兴起的许多有害思想。萨阿德（Saad）书中的核心论点是，有害思想会像寄生虫一样感染人们的思维。在西方世界中存在的一些思想正如寄生虫般与我们的理性共同利益背道而驰。这些思想往往以高尚的意图为开端，但它们的最终目标是摧毁真理（Hajdú，2022）。美国宪法律师夏比洛（Shapiro）也指出，尽管匈牙利国家规模较小，但在美国政治话语中却占据了重要地位。在访问匈牙利后，他详细描述了匈牙利犹太社区的繁荣景象以及反犹太主义的缺失。他还强调，"取消文化"尚未在匈牙利传播，这使得真正的学术言论自由在匈牙利得以保留（Shapiro，2022）。《瑞士周刊》

的主编科佩尔（Köppel）表示，匈牙利是一个令人印象深刻的国家，像瑞士一样，走自己的道路，捍卫自己的自由。他认为，近年来匈牙利在经济上取得了显著发展，这归功于欧尔班政府的努力（Köppel, 2023）。此外，匈牙利在保守国家和机构建设以及具体的建筑项目方面也取得了成功。目前在匈牙利首都进行的重建项目使得在第二次世界大战时期被摧毁的布达佩斯古典建筑再次焕发光彩。有学者认为，这些重建工作对西方国家而言是一个榜样。作为一个美国人，他一直对欧洲建筑感到着迷，因为它们是西方文化遗产最具体的体现。而在西欧，古典建筑常被忽视，匈牙利则在这一领域大力保护其文化根源，同时强烈表达了其对西方世界的承诺（Sholl, 2021）。美国政治学家指出，官僚机构和国家行政机构必须与政府协作，而不能对抗民主选举产生的政治领导人。这意味着"深层国家"不应对抗合法的政治权威。在美国，深层国家的影响力非常强大。为了应对这一挑战，右翼势力可以通过建立一个平行的制度系统来抵制这种影响，该系统由受过高等教育、忠于国家的才俊领导。而匈牙利右翼在维克托·欧尔班（Viktor Orbàn）的领导下，正是采用了这种策略（Szilvay, 2022）。

19. 美国著名民意调查公司"Cygnal"的总裁表示，美国保守派现在将匈牙利视为一个试验场，以研究如何制定有效政策来捍卫传统价值观（Dobozi, 2023）。

20. 哈佛法学院的宪法学教授在一次采访中表示，自由主义作为一种政治运动，常常将法治与自由主义画等号，认为只有具备自由主义特征的民主才是真正的民主。他认为这种等同是错误的，因为法治并不必然是自由主义的。作为自由主义的替代，基督教民主宪法体系可以提供一种符合自然法和自然基础的制度，这些自然基础包括家庭、婚姻和传统道德。匈牙利的宪法体系就是一个很好的例子（Dobozi, 2022）。

21. 根据著名传统基金会主席的观点，匈牙利不仅被视为保守国家制度的一种可能模式，它本身就是这种模式的典范。他指出，包括美国和英国在内的所有西方国家都可以从匈牙利的经验中吸取重要教训（Orbán, 2022）。或许并非巧合，西方世界最大的保守派政治会议——保守政治行动会议（CPAC）在欧洲唯一的落脚点就是匈牙利。

22. 加拿大著名临床心理学家乔丹·彼得森（Jordan Peterson）与数据科学家史蒂芬·肖（Stephen Shaw）进行了一次深入对话。肖指出，在近代历史上，还没有一个国家在陷入衰退后能够成功扭转颓势。然而，彼得森提醒他关注匈牙利的案例。通过实施家庭补贴政策，匈牙利成功遏制并扭转了出生率的下降趋势（Peterson, 2023）。

23. 根据美国著名教授丹尼尔·马霍尼（Daniel J. Mahoney）的观点，匈牙利总理维克托·欧尔班正在努力保护欧洲，抵御那些跨越国家界限的后现代思潮，并防止匈牙利失去与其宗教和文化传统的紧密联系。欧尔班设想的匈牙利，既能够坚守传统和自由，又能够抵御诸如性别理论等文化混乱。他的这些努力，正是每个民主国家在一两代人前所追求的目标（Híradó.hu, 2023）。

24. 克里斯托弗·德穆特（Christopher DeMuth）认为，美国应当关注匈牙利的政治文化和政府运作方式。对于匈牙利政府来说，最重要的是确保国家的强大、主权独立和韧性。德穆特指出，提高经济中的国家所有权比例是一个合理且重要的目标，同时在各个战略领域进行重大国家投资也是至关重要的。在某些关键产品的生产上，实现自给自足比依赖全球供应链更为有利（Papp, 2022）。

25. 美国著名公论家罗德·德雷尔（Rod Dreher）指出，匈牙利是一个"自由、稳定且和平的国家"，拥有一个复杂且国际化的首都，同时其乡村地区未被移民潮和"觉醒文化"的有害影响所侵蚀。一位居住在匈牙利的法国公民表示，匈牙利让他想起了他成长时期的欧洲（Dreher, 2023）。

26. 著名哲学家约拉姆·哈佐尼（Yoram Hazony）在美国热门节目中谈到，美国保守派需要培养一种类似于匈牙利的使命感，这种使命感围绕建设更美好的未来、养育下一代和将宗教作为文化遗产而展开（Rubin, 2023）。

27. 匈牙利在俄乌冲突中采取了明智的立场，从一开始就反对冲突，并一再呼吁恢复和平（Bráder, 2022）。

28. Eurostat, 2023g.

29. Eurostat, 2023g.

30. 在贸易和防范单边依赖风险方面，我们应比较一下我们最大的欧洲和亚洲出口伙伴：在 2008 年经济危机期间，德国的进口额下降了 20%，而中国的进口额仅下降了 7%（KSH, 2023f; World Bank, 2023a）。

31. 匈牙利并非欧洲的能源孤岛，而是欧盟能源网络和市场的重要一环。匈牙利对天然气进口的依赖程度与欧盟平均水平相当，每年约 100 亿立方米的国内消费几乎全部依赖进口（Eurostat, 2023l）。大部分天然气（超过 80 亿立方米）通过南方的土耳其和塞尔维亚，以及西部的奥地利进入匈牙利。然而，过去一年中，从斯洛伐克、罗马尼亚和克罗地亚的天然气进口量也显著增加：得益于这些互联设施，匈牙利市场上不仅有俄罗斯天然气，还有液化天然气（LNG）、罗马尼亚和阿塞拜疆的天然气。此外，匈牙利每年还出口近 5 亿立方米的天然气，其中包括对乌克兰的出口（FGSZ, 2023）。在电力网络方面，匈牙利与所有邻国都有合作。匈牙利可以满足约 30% 的电力进口需求，并与邻国进行电力贸易（Mavir, 2023）。得益于 2022 年完成的与斯洛文尼亚的互联设施，匈牙利—塞尔维亚—斯洛文尼亚联合电力交易所终于可以启动，计划于 2024 年初上线（Világgazdaság, 2023）。

32. 计算表明，如果德国与任何主要经济体脱钩，其年经济产出将下降近 6%，而实际收入将减少近 7%（Felbermayr et al., 2021）。尤其是，如果与中国脱钩，其成本将是英国脱欧的近四倍（Fuest et al., 2022）。

33. 根据匈牙利投资促进局（HIPA）的数据显示，2022年，48%的外国直接投资来自东方，42%来自西方，这显示出外国直接投资在地理上的大致平衡。2021年，韩国连续三年成为向匈牙利注入最多资本的国家，而德国贡献了约三分之一的投资量，并且项目数量最多（HIPA，2023）。经济合作与发展组织（OECD）2021年的数据表明，来自欧盟和亚洲的资本流入在匈牙利的规模大致相等（OECD，2023）。

34. 匈牙利20世纪末的经济历史也给我们提供了一个宝贵的教训。匈牙利经济对西方的重大依赖（无论是出口还是外国直接投资）主要可以追溯到20世纪90年代的全球经济事件。第一，随着转向美元交易和苏联解体，我们的东部市场迅速崩溃。1991年，匈牙利与俄罗斯的双边贸易额骤降50%（Réthi，2000）。第二，从1991年起，日本经济开始停滞，进入了"失去的十年"。第三，1997年的东南亚金融危机也波及了中国。直到1999年，世界经济才开始复苏。此外，中国为未来增长奠定基础的金融转型也是在那时启动的（Wang，2007）。

35. Bibó，1990.

36. 若我们将稳定性视为在1990年后是否需要提前举行选举（例如，由于缺乏议会多数而未能成功组建政府），那么可以说，1990年后的匈牙利政治体系是稳定的：所有议会都顺利完成了四年任期。此外，直到2006年，每次选举后都会形成一个新政府。这些事实都成立，但议会中每四年的权力变化，反映了党派制度和选民行为的波动性、可变性和偶然性（Szabó，2015）。自2000年前后，这些模式发生了变化，出现了一种类似两党制的趋势，这有可能进一步巩固党派结构和选民行为。然而，这种党派化和选民赋权的过程，即所谓的输入合法性，只是问题的一方面。效率和合法性的输出方面，则涉及社区对政府决策的接受度。2006年周期的政治危机（Öszöd演讲的传播、大规模示威、警察暴行、激进组织的出现）和金融危机期间的经济治理（紧缩、失业），以及总体上的政府"退化"（Csizmadia，2023），都削弱了政治体系的稳定性和公众的接受度。

37. Deneen, 2018.

38. Deneen, 2023.

39. 在2016年关于强制安置配额的公投中，有340万张有效票，而在2022年关于儿童保护的公投中，有390万张有效票。关于全国咨询的情况，2017年，有170万人返还了关于欧盟领导的问卷，主题为"阻止布鲁塞尔！"。同年，有230万人返还了关于移民问题的问卷，主题为"阻止索罗斯！"。在2018年，有140万人返还了关于保护家庭的问卷；2020年，有170万人返还了关于应对疫情影响的问卷；而在2022年的咨询中，有170万人返还了关于制裁的问卷。

第四节 匈牙利互联互通十二项原则

与其照猫画虎，仿照另一个体系，不如干脆不设体系。如果强行将匈牙利现实塞进一个印有"德国制造"的概念框架，那么将丧失独特性，变得面目全非。

米哈伊·巴比契（Mihály Babits）

至此，我们已抵达结论的门槛。在生命中的某个时刻，我们必须靠自己的双脚站立。正如自行车的辅助轮被拆除，我们必须学会保持平衡。这正是匈牙利目前正在准备的，如何能在不封闭、向四面八方开放的同时，坚守独立、保持自我认同，匈牙利的互联互通战略回答了这一问题。未来十年，匈牙利将探索如何在国际秩序中作为独立参与者发挥作用。不依赖于他人好意的行为体，就不必将自己的利益屈从于大国阴谋之下，它们有能力自主创造福祉，积累自身崛起所需的资源。我们探讨了帮助我们设定这些目标所需的概念框架，探讨了发达国家与区域中等强国的含义，以及互联互通战略如何帮助实现这一目标。我们分析了国际环境，发现尽管世界正朝着多级秩序发展，但摒弃现有关系、走向阵营对立是一条不可取且对匈牙利来说不可接受的道路。我们既需要互联互通，也需要增强韧性。我们探讨了匈牙利国家运作的转型需求，思索了我们期望的地缘政治角色（拱心石国家），以及如何发挥我们的优势。现在，我们所需做的就是将这一切综合起来，整合成一套行动指南，即匈牙利互联互通十二项原则：

第一项原则：不要放弃自身价值观，而是要将其发扬光大！匈牙利语言与文化独一无二，举世无双。虽然有语言与之关联，但只能称得上是远亲，难以觅得相似之处。在文化层面上，匈牙利好似欧洲中部的一座孤岛：所有的邻居都有近亲，而我们的近亲却远在天边。乍看之下，这可能是个难题，一个国家凭一己之力能做什么？怎样才能赋予这种截然不同的身份意义呢？再者，若匈牙利真的是一个语言和文化孤岛，又怎能指望它肩负起建立联系的重任呢？幸运的是，事实恰恰相反。为了建立联系，我们必须与众不同，那些走向完全认同的国家无法建立联系，它们只会复制、模仿，最终失去自我，丧失自身价值观。真正的联系既需要差异，也需要共性。这就是匈牙利的幸运之处：匈牙利文化既是西方的，又是东方的。既是，又不是。我们称之为西方文化，是因为千余年前，匈牙利人决定接受西方基督教，并在欧洲中部永久定居。同时，称之为东方文化，是因为根植于亚洲大草原的文化遗产至今与我们同在，无论是在孩子们耳熟能详的童话世界里，在学校传唱的民谣中，还是在我们的习俗、交往与世界观中，同时也根植在我们解决问题的方式中。这种双重身份并非阻碍，而是一种助力，这正是我们的特别之处。如果我们能保持独特性，发扬自身独特文化，从而走上互联互通之路，那么即便身处喀尔巴阡盆地这一与世隔绝的地理位置，也能展现出非凡意义。

第二项原则：构建联盟！尽管匈牙利文化独一无二，但其独特性也预示着无数潜在的联系点。若匈牙利通过这些联系点建立合作伙伴关系，融入各种联盟，那么其互联互通战略必将大放异彩。其中，尤为关键的联系点之一就是基督教文化。基督教是西方世界的共同文化纽带，而匈牙利也是西方世界的一部分。

基督教远不仅关乎个人信仰。它还深远塑造了匈牙利乃至西方人之间的互动方式，使我们得以洞察到他人身上独一无二的价值。基督教文化一直是西方世界团结的纽带，并将继续发挥这一作用。如果基督教文化从西方世界消失，西方世界也将面临消亡。正因如此，匈牙利互联互通战略要点之一就是同西方世界携手一道，共同维护基督教价值。另一联系点为国家独立。人类历史上充斥着帝国与民族国家间的竞争，帝国的目标是集权和统一，而民族国家的目标是自决与多样性。匈牙利的文化与历史就深深植根于民族自决。我们匈牙利人民相信，通过主权国家间的紧密合作，世界可以变得更加美好。正如我们也相信，一个由自由国家构建的世界，方能抵达最大的成功。因此，将世界具有民族意识的力量汇聚一堂，是我们互联互通战略的重中之重。匈牙利文化看重家庭，家庭生活的可能性是我们这个时代最紧迫的问题之一，有时是因为人口下降、有时是由于人口增长。因此，匈牙利需与所有认真关注人口与家庭政策的行为体寻求协作。与人口问题紧密相连的移民问题也是如此。我们深信，第一，应向世界各地陷入困境的地区提供本地援助；第二，移民并非西方世界人口问题的根本解决之道，而这正是另一个潜在联系点；第三，同样重要的是经济方面，现代世界中，投资、发展与创新都需要互联互通。因此，匈牙利必须寻求广泛的经济合作机会。

第三项原则：邀请尽可能多的投资者！投资是经济合作的核心领域。此外，一个国家要实现永久发展，就必须吸引并达到高水平的直接流动资本投资。互联互通战略正是围绕高水平外国直接投资建立的。多元化的外国投资能够增强国家韧性，并帮助其在不稳定阶段站稳脚跟。因此，匈牙利当前的任务就是促进并加快直接资本流入。此外，我们也应推动对关键产业的广泛投资。全球秩序持续演变，传统的多边国际参与也是如此。因此，匈牙利越发需要展现出独立姿态，在不必依赖外部批准，不必屈服于外部压力的情况下，独立构建增资渠道。这些努力将助力匈牙利成为独立的政治行为体，并有效发挥其经济潜能。

第四项原则：让本国冠军企业发挥决定性作用！若有更多资源流入匈牙利，这无疑可喜可贺。但若我们仅依赖于此驱动国家发展，经济将变得单一，很容易陷入脆弱境地，部分流入的资源最终会以利润的形式流出国家。因此，匈牙利企业有必要依靠这些额外资源，实现自身的发展壮大。此外，更重要的是，匈牙利冠军企业需要调配资本，从而确保国民经济投资与撤出比例尽可能接近平衡。在美国、中国等大国以及更广泛的欧洲经济体中，这些进程已经得到实践。匈牙利经济规模还不足以自发朝这个方向发展，需要催化剂发挥作用。而催化剂正是匈牙利国家本身，国家的任务就是支持最具实力的匈牙利企业，它们最有可能在地区与全球竞争中站稳脚跟。

为此，国家还必须开发新技能。我们需要深入理解市场逻辑，以便与本国冠军企业顺利有效地合作。但还有一点很重要，正如将领的任务是率领全军，但只有全军协同作战方能取得胜利。匈牙利冠军企业的任务就是拉动中小企业共同前行，助力它们的发展，迈向国际舞台。

第五项原则：要有成为突破口的产业！"样样皆通，样样不精"这句谚语不无道理。若要追求卓越，就必须有所专长。瑞士以钟表工艺独步天下，日本因微电子技术享誉全球，而匈牙利的塞戈德因拖鞋、佩奇因手套各自在业界树立标杆。有一门手艺是好事，因此，只有把重点放在增长潜力最大的产业，匈牙利才有可能取得成功。而在这个过程中，国家可以扮演关键角色。在选择时，我们应当遵循几个标准：这些产业应面向未来、具有高附加值、能够推动生产链完善、有助于匈牙利与匈牙利经济和世界相连，并且最重要的是，与我们国家冠军产业的特点与标准相契合。我们已经确立了几个符合标准的产业，其中包括：军事工业，它依赖于高科技研究，并以集群化战略为导向；食品产业，可以增强供应安全性与韧性；信息通信产业，它以互联互通的理念为蓝图；车辆工业，拥有最广泛的产业链布局；以及在融资及盈利方面均表现突出的银行业。最后，绿色能源产业也是未来的一大挑战，有助于减轻我们的单方面依赖。

第六项原则：建设发达的基础设施！互联互通战略不应只体现在文化与经济层面，更应深入到物质世界，无论是在陆地、海洋还是天空中，也无论是在旅行、货物运输还是能源传输领域方面。换言之，我们必须矢志不渝地确保匈牙利在旅行、货物运输及能源传输领域具备发达的基础设施。我们致力于让道路畅通无阻，让铁路发达完善，同时让物流、仓储与分配中心全面优化。但这不仅仅是为了加强匈牙利与世界的联系，国家内部也需实现互联互通，这意味着我们需确保国家各地区间应实现广泛连接。因此，在发展基础设施时，应特别确保全国各地都能从发展中获益，避免任何地区被边缘化，排除在国家干线网络之外。这样，我们的交通网络才能真正连接整个国家，促进经济活动在各地区均衡分布。此外，还有一个重要方面与内外互联互通有关：冗余性。我们的目标是确保当前的匈牙利与世界连接的任何一条线路，在世界形势发生变化时，都能迅速找到替换方案。同时，我们也力求匈牙利国内的线路尽可能分散，例如，从久拉到维拉尼旅行时无须经过布达佩斯。

第七项原则：积极参与本地区组织工作！ 互联互通战略必须以对本地区的坚定承诺为后盾。这种承诺不仅要求匈牙利融入全球供应链，还强调我们应深度参与地区供应链建设。作为该地区的关键参与者，匈牙利需确保自身积极参与影响本地区未来的政治决策，并参与制订影响该地区未来的计划。这意味着匈牙利必须对地区发展有具体的想法与远大的愿景。然而，一个致力于互联互通的国家，其视野不应局限于自身的成功，更应致力于提升整个地区的全球影响力。因此，匈牙利应利用其人脉、政治影响力和经济实力来提振整个地区。为此，匈牙利必须支持地区贸易与经济合作伙伴的关系，并推动共同事业发展，助力于基础设施发展项目建设。在政治层面，匈牙利应采取措施，促进整个地区的经济发展，提升竞争力。这种积极的地区参与不仅能够增强国家的互联互通，还能进一步稳固地区稳定性，并在国际舞台上提升其影响力。强有力的地区承诺与互联互通的益处相结合，将为匈牙利创造机会，使其凭借竞争力强大的企业与稳固的经济地位，在国际竞争中取得成功。

第八项原则：为下一代打造未来！ 匈牙利互联互通战略能否成功，取决于匈牙利公民能否抓住其中蕴含的机遇。因此，匈牙利承载着特别的使命，即促进后代发展必要技能。匈牙利在教育与人才管理方面也需给予特别重视，以确保下一代深入了解、透彻认识国家文化与运行逻辑。此外，下一代不仅要掌握理论知识，还应获得宝贵的实践经验，这些技能对于协调国家与市场主体、培养国家领导人以及建立外交关系至关重要。在国家层面，我们须建立一支专业的公务员队伍，并确保职业技术学校和高等教育课程与主导产业需求相协调。教育系统必须教育下一代对自己的文化根基感到自豪，并在国际舞台上具备卓越竞争力。我们的教育文化应以知识与表现为基石，以爱国主义为引领，同时对外开放，从而促进互联互通。唯有如此，我们才能充分利用自身文化价值中固有的活力，通过教育系统提供的培训、知识和经验，构建与其他国家和文化有效沟通的桥梁，进而推动共同发展与合作。

第九项原则：让国家成为集聚点！构建有效关系的一个关键策略在于将匈牙利打造为真正的交汇之地，这就要求我们必须吸引并举办一系列国际活动，诸如大型体育赛事、经济会议、文化活动与展览等，都是向世界展示匈牙利魅力、吸引全球目光的绝佳平台。匈牙利以其热情好客的精神与丰厚的文化遗产吸引了一众游客，他们将满载美好回忆而归。此外，通过举办国际活动，匈牙利可成为科学界、政界、经济界和文化界的重要交流中心。这一切都为不同文化间的对话搭建了桥梁，深化了共同理解，进而从根本上推动了有效关系的建立。通过这种方式，匈牙利不仅能够弘扬自己的文化和价值观，同时还推动了世界文化多样性和联系的加强。实施这一战略将推动经济和外交关系的发展，同时提升匈牙利的国际声誉。

第十项原则：确保安全！若无稳固的安全，发展便无从谈起。当共同体陷入无序、混乱，人身安全受到威胁时，一切成就都将化为乌有，未来发展也将面临重重阻碍。当前，许多因素都在威胁着世界安全，而且这些安全挑战可能只会加剧。战争日益频繁，欧洲国家笼罩在巨大恐怖威胁之下，欧盟面临的移民压力只增不减。同时，整个欧洲中产阶级的衰退势头明显。因此，传统政党日渐式微，政治两极化与分裂现象愈演愈烈，政治精英与选民之间的鸿沟也在不断扩大。在许多方面，这反映出治理能力的衰退，且这种不稳定局势并非短暂现象，而是将成为一种常态。在此背景下，政治共同体的成功与否，取决于其能否及时洞察危险，并保障各方面的安全。为此，一支训练有素的现代化军队、强大的警力、严密的边境保护，以及为人民服务的稳定政治架构均不可或缺。若无稳固的安全，建立关系也变得难上加难。缺乏稳定的地区对外界向来没有吸引力：稳定与公共秩序是硬通货，能够助力一个国家成为可靠的合作伙伴，吸引外资流入，并确保贸易的可靠性与可预测性。因此，若无稳固的安全，互联互通无从谈起。

第十一项原则：基于国家利益制定外交政策！

互联互通战略的一个基本要素是，各国根据自身国家利益制定外交政策。这同时意味着，我们必须抵制那些导致我们陷入单边依赖的行为。这类趋势目前在阵营对立中越发明显。在此进程中，一个国家完全融入数个国际阵营中的某一个，就此切断或大幅减少与阵营以外国家之间的联系。这种趋势对匈牙利绝无益处，因为这将削弱国家的抵抗能力，使其更易于遭到阵营主导国家的攻击。相反，我们基于互联互通战略能够灵活运用开放和封闭的外交政策。这要求匈牙利必须能够管理其与其他国家的相互依存关系，以便获取相对优势，同时我们的进一步发展不应依赖于任何单一关系。因此，我们的外交政策须能够有效管理匈牙利的对外依赖与关系。我们必须寻求多样化外交伙伴，与新的合作伙伴国家及地区建立联系。这将使我国在保持经济、政治和安全方面的独立性的同时，灵活应对瞬息万变的国际形势。互联互通战略使匈牙利有机会成为国际舞台上的独立参与者，并帮助我们有效维护国家安全和经济利益。

　　第十二项原则：支持和平！世界秩序变化不断。这一进程不仅早已开幕，甚至可说第一幕已落下帷幕，正逐渐迈向高潮。从肆虐的战火到爆发的冲突，全球权力的洗牌催生的武装冲突越发惨烈，牵连越来越多的受害者。这些冲突与我们的国家利益背道而驰。我们需要认识到，国际政治舞台上不存在预设的秩序，因此，转型的路径是暴力还是和平，取决于当前国际舞台上的主要行为体。对于匈牙利而言，只有和平之路值得拥护。除了基本的道德准则外，和平也符合我们的国家利益，因为只有我们强调基于共同利益的合作，互联互通战略方能奏效。互联互通战略旨在确定在何处、何领域、以何种方式构建互利关系。我们需要关注的是能够团结我们的因素，而非导致我们分离的因素，而战争只会筑起坚固的高墙。因此，我们必须把握每个机会，推进和平进程。若我们拒绝构建那些催生孤立主义、加深或冻结冲突的经济集团，而是致力于深化贸易关系，那么和平事业就能得到最有力的推动。这一切都基于这样一个洞见：基于共同利益的广泛关系和合作，对所有参与方都有利，它能够降低战争的可能性。对于匈牙利而言，这是一条基于我们独特地理位置的战略准则，重要性不言而喻。让我们别忘记那句古老智慧箴言，恰好也是本书最后一念：三寸之舌，强于百万雄兵。